수험생 자녀를 위한 100일 기도문

수험생 자녀를 위한 100일 기도문

· **초판 1쇄 발행** 2017년 7월 20일

· **지은이** 배태훈
· **펴낸이** 민상기 · **편집장** 이숙희 · **펴낸곳** 도서출판 **드림북**
· **등록번호** 제 65 호 · **등록일자** 2002. 11. 25.
· 경기도 의정부시 가능1동 639-2(1층)
· Tel (031)829-7722, Fax(031)829-7723

수험생 자녀를 위한
100일 기도문

배태훈 지음

드림북

| 여는 글 |

매년 11월이 되면 온 나라가 관심을 갖는 것이 있습니다. 바로 대학수학능력시험(수능)입니다. 수험생이 있는 가정이 아니더라도 수능은 최대의 관심사입니다. 언론뿐만 아니라 다양한 프로그램에서 수능과 관련된 내용이 나올 정도입니다.

온 국민의 관심만큼 수험생들에게는 큰 부담감으로 다가옵니다. 그래서인지 매년 수능 전후로 자살을 하는 수험생들이 생깁니다. 저는 그럴 때마다 가슴이 아픕니다. '얼마나 견디기 힘들었을까?' 하는 생각을 합니다. 부모가 수능이 인생의 전부가 아니라는 것을 이야기했다면, 목숨을 끊지 않을 것이라고 생각합니다. 부모 입장에서 자녀의 수능성적이 중요하겠지만, 자녀의 목숨보다 더 낫다고 생각하지는 않을 것입니다.

이 책은 수험생 자녀를 위한 부모를 위한 기도문입니다. 자녀가 시험을 준비하면서 100일 동안 기도할 수 있도록 매일 기도

문을 작성했습니다. 첫째 아들이 중학교 1학년입니다. 이 아이가 5년 후면 수능을 준비하겠지요? 100일의 기도문은 아들을 생각하면서 기도한 내용입니다. 부모의 간절한 마음을 담아 하나님께 기도했습니다.

이 책을 통해 전국의 수험생 자녀를 둔 부모에게 위로와 힘이 되면 좋겠습니다. 이 책이 나오기까지 도와 주신 드림북 민상기 사장님께 감사를 드립니다. 하나님의 은혜가 수험생 가정에 함께 하시길 기도합니다.

2017년 6월
배태훈 목사

|차 례|

기도는
하나님과의 대화입니다.
대화는
일방통행이 아닙니다.
쌍방통행입니다.

나의 마음 속 깊은 것을
하나님께
토로하는 것에서
그치는 것이 아니라
하나님의 말씀에
귀를 기울여
경청하는 것도
필요합니다.

기도를
하나님과의 교제라고도
부릅니다.

매일
기도를 통해
하나님과 대화하며
교제하는 것,
100일 기도문이
부모님께
드리는 선물입니다.

하나님께서 맡기신 사명대로 살길 원합니다

"여호와 하나님이 땅의 흙을 사람을 지으시고 생기를 그 코에 불
어넣으시니 사람이 생령이 되니라"(창 2:7)

무더운 여름입니다. 많은 이들은 여름휴가를 보내고, 삶의 휴
식을 누리고 있습니다. 하지만 저를 비롯하여 사랑하는 ○○이
는 그럴 마음의 여유가 없습니다. 우리의 마음을 누르고 있는 것
에 대한 압박감이 있습니다. 바로 대학수학능력시험(수능)입니
다. 언제 이렇게 커서 온 국민이 관심을 갖는 시험을 보게 된 것
일까요? 지금까지 하나님의 돌보심이 없었다면 있을 수 없는 일
이겠지요? 하나님의 돌보심에 감사를 드립니다.

오늘이 수능시험을 치루기 전 100일이 되는 날입니다. 100일
이라는 숫자가 이렇게 무서운 것인지 지금에서야 알았습니다.
대학을 진학하기 위해서 피할 수 없기에 오늘 하나님께 저의 마
음을 다 쏟아내고 담대한 믿음으로 사랑하는 ○○이를 위해 기
도하며 100일을 보내고자 합니다.

전지전능하신 하나님.
하나님께서 사람을 만드시고, 생기를 불어넣어 주셨습니다.

하나님의 성품이 사람에게 고스란히 들어가서 이 세상에 어떤 피조물보다 하나님과 가까운 생령이 되었습니다. 그리고 하나님의 위대한 사역을 위해 각 사람에게 맞는 달란트를 주셨습니다. 저를 비롯하여 제 아이에게도 각자에게 달란트가 주어진 것을 압니다. ○○이가 하나님께서 맡기신 사역을 감당하기 원합니다. 그렇기 위해서 새로운 발걸음을 옮기려고 합니다. 하나님의 사역을 위한 길이 꼭 대학 진학만이 아니지만, 전문적인 지식을 가지고 사역하기 위한 실력을 쌓는 것이라고 생각합니다.

100일 남은 이 시간, 공부하는 것도 중요하지만 아이의 삶에서 하나님께서 맡기신 일이 무엇인지 발견하길 원합니다. 아무런 목적 없이 무작정 공부하기보다는 목적과 목표를 설정하고 공부하게 하옵소서. 어디로 가야할지 알고 있는 사람과 무작정 길을 떠나는 사람에게는 차이가 있습니다. ○○이가 삶의 목표와 목적을 알기 원합니다.

○○이를 만드신 하나님.
○○이가 100일 동안 수능을 준비하면서 말씀과 함께 드리는 기도를 들으시고, 지금까지 함께해 주셨던 것처럼 함께해 주시길 원합니다. 100일의 시간이 참 힘들 것이라고 예상하고 있습니다. 힘들고 어려울 때마다 ○○이에게 힘과 용기를 주길 원합니다. 하나님을 의지하며 이 기간을 잘 보낼 수 있도록 도와 주시옵소서. 예수님의 이름으로 기도합니다. 아멘.

자기 자신을 알아가게 하소서

"대저 여호와는 지혜를 주시며 지식과 명철을 그 입에서 내시며"(잠 2:6)

우리를 사랑하시는 하나님.

오늘 아침, 눈을 뜨자마자 하나님의 사랑이 느껴졌습니다. 어제부터 시작한 100일 기도의 힘인지 하나님께서 ○○이와 함께하신다는 것이 느껴집니다. 제게 마음의 평안함도 주셔서 감사합니다. 100일의 기간 동안 저뿐만 아니라 ○○이도 이렇게 항상 하나님과 동행하면 좋겠습니다.

하나님보다 더 귀한 것이 있을까요? 없습니다. 그걸 알고 있음에도 하나님을 제 마음 속 구석에 밀어 넣고, 세상의 욕심만을 찾아다녔습니다. 아니, 하나님이 보였지만 지금 하나님께 신경을 쓸 때가 아니라고 생각했습니다. 아이에게도 그랬습니다. 지금은 하나님보다는 공부에 더 집중해야 된다고 생각했습니다. 하지만 우리의 삶에 가장 중요한 분은 하나님이십니다. 하나님을 배제한 삶은 아무런 의미가 없습니다. 하나님께서 만드신 목적에 따라 살지 못한 피조물은 결국 하나님나라에 함께할 수 없으니까요.

　수능이 99일 남았습니다. ○○이가 공부에 집중하겠지만, 하나님을 잊지 않고 매일 기도하길 원합니다. 이 시간이 제게나 ○○이에게도 귀한 시간이 되길 원합니다. 마음의 평안함을 찾고, 하나님께 우리의 삶을 드리는 시간이 되길 원합니다. ○○이가 생각하지 못할 때 기억나게 하시고, 하나님을 만나는 귀한 시간을 갖도록 인도하여 주시옵소서.

　이 세상 그 누구보다도 ○○이를 아시는 하나님.

　지금 ○○이에게 가장 필요한 것이 무엇일까요? 그것은 아마도 어떻게 하면 성적을 올릴 수 있느냐는 것입니다. 기도만 한다고 성적이 올라갈까요? 밤낮 부르짖으면 올라갈까요? 아닙니다. 성적이 올라가려면, 열심히 공부하는 것밖에 없습니다. 계획을 짜고, 잘 하는 과목과 잘 하지 못하는 과목들을 나눠서 부족한 부분들을 채워가는 방법밖에 없습니다. 공부에는 다른 길이 없다는 것을 잘 알고 있습니다.

　지금 자신의 상황을 제대로 파악하고, 남은 기간 동안 부족한 부분을 어떻게 채워갈 것인지 계획을 잘 세울 수 있도록 도와 주시옵소서. 짧다고 하면 짧은 시간이지만, 어떻게 이 시간을 보내느냐에 따라서 100일은 상당히 긴 시간이 될 수도 있습니다. 위대한 하나님의 역사가 일어나는 시간이 되게 하옵소서. 예수님의 이름으로 기도합니다. 아멘.

하나님의 지혜로 가득한 하루가 되게 하소서

"지혜의 그늘 아래에 있음은 돈의 그늘 아래에 있음과 같으나, 지혜에 관한 지식이 더 유익함은 지혜가 그 지혜 있는 자를 살리기 때문이니라" (전 7:12)

거룩하신 하나님.

이 세상 그 무엇으로도 형언할 수 없는 하나님의 위대하심을 찬양합니다. 오직 하나님만이 영광을 받으시옵소서. '내가 거룩하니 너희도 거룩하라'고 말씀하신 하나님의 말씀처럼 오늘 하루도 거룩한 삶을 살기 원합니다. ○○이의 삶도 거룩하길 기도합니다. 공부를 잘 해도 삶 자체가 거룩하지 못하다면, ○○이가 하나님과 무슨 상관이 있을까요?

삶에서 가장 중요한 것은 하나님과의 관계입니다. 하나님께서 나의 아버지가 되시듯, ○○에게도 하나님께서 아버지가 되어 주시길 원합니다. 룻이 시어머니인 나오미에게 말한 구절이 생각납니다.

"어머니께서 가시는 곳에 나도 가고, 어머니께서 머무시는 곳에서 나도 머물겠나이다. 어머니의 백성이 나의 백성이 되고 어머니의 하나님이 나의 하나님이 되시리니"(룻 1:16).

이 말씀의 고백이 우리 ○○이에게서 나오길 원합니다. 그러자면, 제가 먼저 ○○이에게 모범이 되는 부모가 되어야겠지요. 제 모습을 보고 ○○이가 부모님이 믿고 따르는 하나님이라면 내가 믿을 수 있겠다는 생각을 할 수 있도록 제 자신이 먼저 거룩한 삶을 살도록 노력하겠습니다.

성경에 기록된 많은 인물들 중 자신은 하나님 앞에 거룩한 삶을 살았지만, 자녀들에게 올바른 신앙을 심어주지 않아서 멸망을 당하는 이들이 있습니다. 저의 신앙도 중요하지만, 저의 신앙을 제 아이 ○○이가 물려받기를 원합니다.

○○이가 세상의 지식보다 하나님의 말씀으로 채워지는 하루가 되길 원합니다. 공부하기 전에 하나님의 말씀을 먼저 읽고 기도하는 ○○이가 되길 원합니다. 세상의 지식이 깊다한들 하나님의 지혜를 따라가기 힘듭니다. 먼저 하나님의 지혜로 충만한 ○○이가 되도록 하옵소서. 하나님께서 주시는 지혜가 더 소중합니다. 아무리 세상의 지식이 가득하더라도 하나님의 지혜가 없다면 그 삶이 얼마나 불쌍할까요? ○○이가 그런 삶을 살지 않았으면 좋겠습니다. 비록 세상의 지식이 부족하더라도 하나님의 지혜로 가득한 삶을 살았으면 좋겠습니다. 오늘 하루도 하나님의 지혜가 가득한 하루가 되기를 바라며, 예수 그리스도의 이름으로 기도합니다. 아멘.

잘 견디고 이겨내게 하소서

"도가니는 은을, 풀무는 금을 연단하거니와 여호와는 마음을 연단하시느니라" (잠 17:3)

전지전능하신 하나님.

하나님의 위대하신 능력을 찬양합니다. 이집트의 억압에서 이스라엘 백성을 이끌어내셨던 하나님의 구원하심을 찬양합니다. 아브람을 택하시고, 그에게 복을 주시면서 큰 민족을 이루겠다고 하신 하나님의 약속을 이루신 하나님을 경배합니다.

매일 하나님을 바라보며 하나님의 말씀대로 살아가려고 하지만, 삶에서 그 말씀을 실천하는 것은 힘이 듭니다. 몇 번을 다짐하건만, 악한 생각은 어느새 내 마음 속에 찾아와 자리를 잡습니다. 그러나 오늘 이 시간 나의 악한 생각과 삶을 주님 앞에 내려놓고 회개합니다. 나의 죄를 용서하여 주시옵소서.

하나님께서 우리와 약속하신 것은 꼭 이루어 주신다는 것을 잘 알고 있습니다. 우리가 약속을 지키지 않았기에 그 약속이 이루어지지 않을 뿐이지, 하나님께서 잊지 않고 계시다는 것도 알고 있습니다. ○○이가 이 세상에 태어난 그때가 생각납니다. 하나님께서 주신 귀한 생명이며, 저의 소중한 자녀입니다. 하나님께서 이 세상에 그 누구도 아닌 저의 자녀로 보내주셔서 감사합니다. 지금까지 힘들고 어려운 일도 많이 있었지만, ○○이 때문에 행복했고 기뻤습니다. 저의 품에 안겼던 ○○이가 이렇게 장성해서 수능을 준비하고 있습니다. 하나님께서 ○○이를 이 세상에 보내시면서 주신 사명이 무엇인지 잘 알 수 없지만, 수능의 관문이 그 사명을 위한 중요한 걸음이라고 생각합니다. 하나님께서 ○○이에게 주신 은사를 발견하고 그 은사대로 하나님의 일을 하기 위해서 보다 많은 배움이 필요합니다. 많은 시간이 남지 않았지만, 이 시간에 보다 집중해서 하나님께서 맡기신 사명을 감당할 수 있는 길을 향해 걸어가도록 인도하여 주시옵소서.

모세는 하나님의 일을 수행하기 위해서 무려 80년의 시간을 준비했습니다. 이집트의 궁전에서 40년, 광야에서 40년의 시간을 보냈습니다. 연단의 시간이 꼭 필요합니다. 저의 삶에서도 이런 시간들이 있었던 것처럼, ○○이에게도 이런 연단의 시간이 있겠지요. 아마도 남은 시간이 ○○이에게 연단의 시간이 될 수도 있을 것입니다. 잘 견디고 이겨낼 수 있도록 힘을 주시옵소서. 오늘도 하나님의 임재가 가득한 하루가 되길 바라며, 예수님의 이름으로 기도합니다. 아멘.

평안한 하루가 되게 하소서

"평안을 너희에게 끼치노니 곧 나의 평안을 너희에게 주노라 내가 너희에게 주는 것은 세상이 주는 것과 같지 아니하니라 너희는 마음에 근심하지도 말고 두려워하지도 말라" (요 14:27)

우리의 방패와 산성이 되시는 주 여호와 하나님을 찬양합니다. 우리의 찬양을 받으시옵소서. 엎드려 주를 경배하며 영원하신 하나님을 높여드립니다. 오직 주님만 영광을 받으시옵소서.

하나님의 돌보심에 아무런 탈 없이 지내게 하심을 감사합니다. 특별히 ○○이의 건강을 지켜주시옵소서. 수능을 준비하면서 염려되는 것은 더운 여름을 보내면서 건강에 무리가 오지 않을까 하는 것입니다. 아무리 부담을 주지 않으려고 해도, 수능이라는 것이 부담을 가질 수밖에 없는 것 같습니다. 심적으로 부담이 되니, 몸이 약해지는 것은 당연한 것이겠지요. 심적인 부담감을 떨쳐버리고, 건강한 몸으로 수능을 잘 치를 수 있도록 도와 주시옵소서.

건강을 위해서 장시간 동안 공부에만 매달리지 않고, 스트레칭이나 가벼운 운동도 함께 병행할 수 있도록 하옵소서. 하나님께서 우리의 뇌를 계속 작동하는 것보다 틈틈이 휴식을 줌으로 재정비할 수 있도록 만드신 것을 압니다. 또 우리의 뇌를 쉬게 할 때 뇌가 가장 활발하게 움직인다는 것도 알고 있습니다. 충분한 휴식을 취하면서 건강에 무리가 되지 않게 하옵소서.

42.195km의 마라톤 경기에서 초반에 다른 사람보다 앞서 달리더라도 중도에 다리에 쥐가 나거나 부상이 찾아오면 입상을 하지 못할뿐더러 완주를 못 할 수도 있습니다. 남은 수능준비가 마라톤이라고 생각하고, 몸을 생각하면서 잘 준비할 수 있도록 하나님께서 도와 주시옵소서. 저도 ○○이의 건강을 위해서 할 수 있는 한 최선을 다하겠습니다.

○○이도 심적으로 편안하게 되길 원합니다. 마음이 평안해야 공부도 더 잘 됩니다. 집중이 더 잘 됩니다. 결과가 어떻게 나올지 모르지만, 모든 것을 다 하나님께 맡기고 지금 할 수 있는 일에 집중할 수 있도록 도와 주세요. ○○이가 할 수 있는 일은 최선을 다해서 공부하는 것입니다. 다른 모든 것들은 걱정하지 말고, 모두 하나님께 내려 놓을 수 있도록 도와 주세요. 저 역시 모든 것들을 하나님께 맡깁니다.

오늘도 하나님의 임재 가운데 평안한 하루가 되길 간절히 바라며, 예수님의 이름으로 기도합니다. 아멘.

거룩한 주일은 거룩하게 보내게 하소서

"하나님은 영이시니 예배하는 자가 영과 진리로 예배할지니라"(요 4:24)

거룩한 주일을 주신 하나님.

내가 거룩하니 너희도 거룩하라고 하신 하나님의 말씀처럼 우리가 거룩해지길 원합니다. 오늘은 거룩한 주일입니다. 안식일을 거룩히 지키라는 하나님의 계명을 지켜 오늘 하루 주님께 경배를 드리며, 예배합니다. 우리의 예배를 받아 주시옵소서.

주일은 주님의 날입니다. 주님의 날에 우리의 욕심을 채우기 위해서 꼭 해야 할 일을 소홀히 하지 않도록 하옵소서. 바로 예배입니다. ○○이가 공부한다고 하나님께 예배하는 것을 소홀하지 않도록 하옵소서. 공부 때문에 하나님께 예배할 때 딴 생각을 하지 않도록 하옵소서. 공부보다 중요한 것은 우리의 영혼이 잘되는 것입니다. 영혼이 호흡하고, 영혼이 성장하는 것입니다. ○○이가 영혼의 구원 없이 세상의 지식으로 가득한 사람이 되지 않도록 하옵소서.

주변을 살펴보면, 대학에 진학하고 신앙생활을 해도 된다는 신앙인들이 있습니다. 그것은 참으로 잘못된 생각입니다. 마치 대학이 인생의 전부라고 생각하는 사람들입니다. 믿음이 무엇인지 모르는 사람입니다. 그런데 주님, 소위 말하는 교회의 직분자들이 그런 생각을 하고 있습니다. 장로이며, 안수집사이며, 권사의 직분을 가진 분들이 고3 때는 신앙생활 열심히 하지 않아도 된다고 말합니다. 대학교에 가서 잘 하라고 말합니다. 그렇게 말하는 사람들 중에 대학교에 가서 신앙생활을 잘하는 자녀들을 보지 못했습니다.

신앙은 그때 잘 하라고 해서 잘 하는 것이 아닙니다. 신앙은 어떤 상황에서도 자신의 신념을 지키는 것입니다. 저는 그렇게 생각합니다. 지금 당장 죽음이 찾아오더라도 믿음을 지키는 것이 신앙인의 모습이라고 생각합니다. 수능준비 때문에 신앙생활을 게을리 한다는 것은 믿음이 없는 것입니다. 하나님께서 다 이해하시겠다고 말하는 것도 모두 자기 합리화하는 것입니다. ○○이가 이런 복잡한 생각을 하지 않고, 굳건한 믿음의 사람이 될 수 있도록 도와 주시옵소서.

거룩한 주일, 하나님께 영광이 되고 우리 모두에게, 특별히 ○○에게 은혜가 가득한 날이 되게 하옵소서. 예수님의 이름으로 기도합니다. 아멘.

낙망하지 않게 하소서

"믿음이 없어 하나님의 약속을 의심하지 않고 믿음으로 견고하여
져서 하나님께 영광을 돌리며" (롬 4:20)

능력의 하나님.

하나님의 위대하심을 찬양합니다. 우리가 낙망할 때 힘을 주
시고, 불안 속에서 헤매고 있을 때 우리에게 손을 내밀어주시니
감사합니다. 오늘 하루도 주님께서 베풀어 주신 은혜로 시작하
게 하심을 감사합니다.

우리의 연약함까지 모두 아시는 주님.

그 연약함 때문에 매일 다짐하지만 죄를 범합니다. 우리의 죄
를 용서하옵소서. 연약한 부분을 하나님께서 붙잡아 주셔서 하
나님 앞에 거룩한 삶을 살아가게 하옵소서.

○○이가 수능을 준비하면서 불안하지 않도록 도와 주시옵소
서. ○○이에게 수능은 거세게 몰아치는 폭풍우와 같은 것일 것
입니다. 예수님의 제자들이 갈릴리 호수에서 폭풍을 만났던 일

이 생각납니다. 모두 세찬 바람과 파도에 기겁을 했습니다. 배가 뒤집혀 물에 빠질 것 같았습니다. 모두 두려움에 떨었습니다. 하지만 예수님께서는 주무시고 계셨습니다. 곧 죽을 것 같은 상황에서 주무시고 계시다는 생각에 예수님을 깨웠습니다.

그때, 예수님께서 말씀하셨던 것이 내 마음에 깊이 남아 있습니다. "어찌하여 무서워하느냐! 믿음이 작은 자들아!" 이 말씀을 하시고 바람과 바다를 꾸짖으셨습니다. 그러자 잔잔하게 되었습니다.

예수님께서 내가 함께하는데 무엇을 두려워하느냐는 말씀을 하신 것이죠. 하나님, ○○이가 성경에 기록된 말씀처럼 믿음이 작은 자가 되지 않게 하옵소서. 주님께서 함께하시면 무서워할 필요가 없다는 것을 깨닫게 하옵소서. 어떤 광풍이 몰아쳐도, 곧 배가 침몰할 것 같은 상황에서도 주님이 함께 한다면 무서울 것이 없다는 믿음의 경험을 하게 하옵소서.

낙망하지 않고, 좌절하지 않고 마지막까지 최선을 다할 수 있도록 확고한 믿음을 주옵소서. 주님과 함께하는 오늘 하루도 되게 하옵소서. 예수님의 이름으로 기도합니다. 아멘.

광복의 기쁨을 함께 누리게 하소서

> "바로 그 날에 여호와께서 이스라엘 자손을 그 무리대로 애굽 땅
> 에서 인도하여 내셨더라" (출 12:51)

이집트에서 종의 신분이었던 이스라엘 백성을 구원하신 하나
님께 영광을 드립니다. 하나님의 구원하심이 없었다면, 이스라
엘 백성들은 계속 종의 신분으로 살았을 것입니다. 훗날 이스라
엘의 영광을 경험하지 못했을 것이고, 지금의 유대인은 없었을
것입니다.

이스라엘을 이집트의 속박으로부터 구원하셨던 것처럼, 대한
민국도 일제의 억압으로부터 구원해주셔서 감사합니다. 1945년
8월 15일, 우리나라는 해방의 기쁨을 맛보았습니다. 36년 동안
일제가 우리나라를 식민지로 삼고 마치 은혜를 베푸는 양 우리
민족의 모든 것들을 짓밟아 버렸습니다. 많은 사람들이 우리나
라의 독립을 외치고, 국내외적으로 힘을 다했습니다. 그때 선교
사들과 믿음의 사람들이 이 일에 동참했습니다. 하나님께서 독
립할 수 있도록 인도해주셨고, 해방의 기쁨으로 이 나라에 교회
가 더 든든히 세워져 갔습니다.

오늘이 광복의 기쁨을 기억하며, 이 나라를 굳건히 지킬 것을 다짐하는 광복절입니다. 오늘은 이 나라와 이 민족을 위해 기도합니다. 하나님께서 세우신 대한민국이 위태롭습니다. 사회 곳곳에 갈등과 대립이 있습니다. 서로 포용하고 배려하고 사랑하지 못합니다. 자신만이 옳다고 외치고, 나와 뜻을 같이 하지 않는 부류들을 모두 적으로 생각합니다.

광복의 기쁨을 누렸던 우리의 선조들이 이 나라를 얼마나 사랑했는지 잘 압니다. 그때 선조들의 마음처럼 우리 모든 국민이 이 나라를 사랑하게 하옵소서. 이 나라가 하나님의 품 안에서 하나가 되길 원합니다. 서로 부족한 것들이 있더라도 안아줄 수 있는 나라가 되길 원합니다. 부정과 부패가 없고, 열심히 최선을 다할 때 성과를 이룰 수 있는 나라가 되길 원합니다.

대한민국 곳곳에 세워진 교회와 성도들이 이 나라와 민족을 위해 매일 기도하길 원합니다. 나라가 올바로 세워지길 원합니다. 각 지역에 있는 교회마다 그 지역을 위해 기도하길 원합니다. 대한민국을 사랑하시는 하나님께 감사를 드리며, 예수님의 이름으로 기도합니다. 아멘.

유혹에 빠지지 않게 하소서

"그 곳에 이르러 그들에게 이르시되 유혹에 빠지지 않게 기도하라 하시고" (눅 22:40)

길과 진리이신 주님께 영광을 올려 드립니다. 우리를 창조하시고, 타락한 우리를 사랑하셔서 독생자 예수 그리스도까지 보내신 하나님의 사랑에 감사를 드립니다. 하나님의 사랑이 아니었다면, 우리에게 생명이 있었을까요? 악한 생각과 행동으로 가득한 사람들을 긍휼하게 여기시고, 사랑을 베풀어 주시지 않았다면 지금 우리의 모습은 없었을 것입니다. 모두 하나님의 사랑 때문입니다. 하나님의 사랑이 ○○이에게도 가득하길 바랍니다.

예수님께서 사역을 시작하시기 전에 광야에서 40일 동안 금식하시면서 기도하셨습니다. 예수님께서도 영적인 무장이 필요했습니다. 수능을 준비하는 ○○이에게도 이런 영적인 무장이 필요합니다. 간절한 마음의 기도가 필요합니다.

제가 100일의 기도를 드리는 것처럼 ○○이도 매일 영적인 무장을 할 수 있도록 하옵소서. 예수님께서 금식을 마치자마자 사탄이 예수님을 유혹했습니다. 영적으로 충만했지만, 육체적으로 가장 힘들 때였습니다. 그때를 놓치지 않고 사탄이 다가온 것이죠. ○○이에게도 사탄은 심적으로, 육체적으로 가장 약할 때를 찾을 것입니다. 그리고 그때라고 생각할 때 유혹하겠죠.

예수님께서 사탄의 유혹을 하나님의 말씀으로 이기신 것처럼 ○○이도 하나님의 말씀으로 사탄의 모든 유혹을 물리치게 도와주시옵소서. 하나님의 말씀으로 무장하게 하옵소서. 하나님의 말씀은 능력이 있다는 것을 깨닫고, 말씀에 의지하여 살아가게 하옵소서.

수능을 준비하면서 순간마다 유혹하는 사탄의 속임수에 넘어지지 않도록 하옵소서. 어떤 순간에서도 사탄의 손을 잡지 않도록 하옵소서. 사탄의 유혹이 ○○이가 가장 좋아하는 것들일 수 있습니다. '한번만'을 외치면서 눈길을 돌릴 수 있습니다. 그런 순간마다 예수님께서 사탄의 유혹에서 이기셨던 말씀이 생각나게 하옵소서. 결코 사탄의 길로 빠지지 않게 하옵소서. 오늘도 주님의 품에 거하는 하루가 되게 하옵소서. 예수님의 이름으로 기도합니다. 아멘.

배려하는 가족이 되게 하소서

"허물을 덮어 주는 자는 사랑을 구하는 자요 그것을 거듭 말하는
자는 친한 벗을 이간하는 자니라" (잠 17:9)

우리에게 아름다운 가정을 허락하신 하나님께 감사를 드립니
다. 가족들 모두 건강한 모습으로 지낼 수 있도록 하나님께서 돌
보셔서 감사합니다.

하나님.
부모와 자녀의 관계로 만나 서로 사랑하고 기도하며 축복된
가정이 되어야 하는데, 가끔씩 그렇게 살지 못합니다. 서로에게
상처를 주고, 미워하는 마음을 갖습니다. 의사소통이 제대로 이
루어지지 않아서 무엇인가 단절된 상황이 있을 때도 있습니다.
어떤 문제 때문에 심각하게 부딪히기도 합니다. 이 모든 것이 서
로를 이해하는 마음보다는 자신의 욕심 때문인 것을 압니다.

○○이가 수능을 준비하면서, 가족의 중요성을 더욱 느끼게
됩니다. 수능을 준비하는 ○○이나, 다른 가족들과의 관계가 참

중요한 것 같습니다. 서로 자신의 생각만 하다가 집안 분위기가 안 좋을 때도 있습니다. 서로 자신이 힘들다고만 합니다. 다른 가족들을 생각하지도, 배려하지도 못합니다. ○○이만 그런 것이 아니라 모든 가족들이 수험생이 된 기분이 듭니다. 그래서 집안 공기가 무겁습니다.

○○이가 공부한다는 핑계로 가족들에게 신경질이나 심술을 부리지 않게 하옵소서. 수능을 준비하는 것도 중요하지만, 가족들에게 피해를 주지 않도록 하옵소서. 반대로 다른 가족들은 ○○이가 마음 편안하게 수능을 준비할 수 있도록 배려하게 하옵소서. 서로 짜증내지 않고 사랑으로 감싸주는 가족이 되게 하옵소서.

집에서 심적으로 평안함을 느끼며 충전할 수 있도록 도와 주시옵소서. 힘들 때 의지하고 용기를 줄 수 있는 가족들이 될 수 있도록 하옵소서. 우리 가족이 서로를 위해 기도하며 서로를 위해 축복하는 가정이 되길 원합니다. 하나님을 예배하고, 하나님을 위한 가정이 되길 원합니다. 사랑이 넘치는 가정이 되길 원합니다. 예수님의 이름으로 기도합니다. 아멘.

D-90일 금

지치지 않게 하소서

"네 마음으로 죄인의 형통을 부러워하지 말고 항상 여호와를 경외하라 정녕히 네 장래가 있겠고 네 소망이 끊어지지 아니하리라" (잠 23:17-18)

하나님, 8월 중순이 지났지만, 아직도 무더위가 한창입니다. 봄 여름 가을 겨울, 사계절을 주셔서 아름다운 자연을 모두 볼 수 있도록 하시니 감사를 드립니다. 하지만 하나님께서 만드신 아름다운 이곳에 인간의 편안함 때문에 점점 자연재해가 일어나고 있습니다. 봄과 가을이 짧아지고, 무더운 여름과 추운 겨울은 점점 길어집니다. 우리나라도 언제부터인지 무더운 여름이 계속 되고 있습니다.

수능을 준비하는 모든 수험생들이 무더위 때문에 힘들어 합니다. 더위 때문에 공부에 집중하기가 힘이 듭니다. 무더위 속에 장시간 의자에 앉아 공부하는 것에 지칩니다. 시원한 바람을 맞으며 여유로움을 즐기고 싶은 마음이 굴뚝같지만, 그럴 마음의 여유가 없습니다. 에어컨 바람 때문에 머리가 아프기도 하고, 냉방병에 시달리기도 합니다. 그럴수록 마음은 더 초조하고 답답합니다. 수능을 준비하는 ○○이를 비롯한 많은 수험생들은 진땀을 흘리며 공부하고 있습니다. 이 무더위가 빨리 지나가게 하옵소서.

○○이를 위해 기도합니다. 무더운 여름을 잘 보낼 수 있도록 하옵소서. 공부는 체력전이라고도 합니다. 더위 때문에 진을 다 빼고, 집중하지 못하는 수험생들을 많이 봤습니다. 건강하게 수능 시험을 잘 치를 수 있도록 도와 주옵소서. 공부하면서 틈틈이 운동도 하고, 바깥 공기도 마시면서 무리하지 않게 하옵소서. 자칫 몸이 아파서 더 힘든 상황이 찾아오지 않도록 미리미리 예방하면서 지내게 하옵소서.

사계절을 우리에게 주시듯 수능을 준비하는 ○○이의 생활에 매일 좋은 일만 생기지 않겠지요. 가끔은 추운 겨울도 찾아오고, 숨이 꽉 막히는 여름도 찾아올 것입니다. 그때마다 겨울이 지나면 봄이 찾아오고, 여름이 지나면 가을이 오는 것을 기억하며 잘 견디게 하옵소서.

무덥지만, 오늘 하루도 주님께서 보내주신 시원한 바람을 맞이하고 싶습니다. 예수님의 이름으로 기도합니다. 아멘.

D-89일 토

외롭지 않게 하소서

"왕이 그들과 말하여 보매 무리 중에 다니엘과 하나냐와 미사엘과 아사랴와 같은 자가 없으므로 그들을 왕 앞에 서게 하고 왕이 그들에게 모든 일을 묻는 중에 그 지혜와 총명이 온 나라 박수와 술객보다 십 배나 나은 줄을 아니라" (단 1:19-20)

이 세상 모든 만물을 창조하신 하나님, 찬양과 영광을 홀로 받으시옵소서. 매일 하나님께 영광을 돌리는 일에 소홀히 하지 않도록 하옵소서.

오늘은 ○○이와 ○○이의 친구들을 위해 기도합니다. 수능 준비를 하면서 망망한 바다를 혼자 항해하는 기분이 들 것입니다. 아무도 도와줄 수 없는 일이기 때문에 더욱 그렇게 느낄 것입니다. 이때 꼭 필요한 것이 있다면, 수능을 함께 준비하는 친구들입니다. 똑같은 상황이기 때문에 그 누구보다도 힘과 의지가 될 것입니다.

○○이가 친하게 지내는 친구들이 다윗과 요나단처럼 서로를 위해 기도하기를 원합니다. 아버지 때문에 함께할 수 없었지만,

서로를 아끼고 격려했던 이들의 우정이 ○○이와 친구들에게 있기를 원합니다. 친구의 장점을 살펴주고, 도와 주었던 다윗과 요나단처럼 되길 원합니다. 이들은 왕권을 놓고 경쟁하는 관계였지만, 하나님의 뜻을 발견하고 그 꿈을 위해 격려했습니다.

○○이와 친구들이 수능시험을 치루는 경쟁자이지만, 서로를 위해 격려하고 기도하는 친구들이 되면 좋겠습니다. 부족한 부분이 있으면 채워주고, 지치고 힘들어 할 때 용기와 힘을 줄 수 있는 친구들이 되기를 바랍니다. 또한 다니엘과 세 친구처럼 믿음의 친구들이 되기를 원합니다. 확고한 믿음으로 서로 신앙을 지키기 위해서 조언할 수 있는 친구들이 되기를 원합니다.

고3 생활이 길어질수록 수능시험이 다가올수록 도망가고 싶은 마음이 간절할 것입니다. 그럴 때마다 수다를 떨면서 마음의 조급함을 달래게 하옵소서. 하나님께서 끈끈한 우정의 끈으로 묶어주시옵소서. 함께 하나님께 나아가게 하옵소서. 오늘도 수능을 준비하는 모든 수험생들과 함께하옵소서. 예수님의 이름으로 기도합니다. 아멘.

감격이 있는 예배가 되게 하소서

"내가 주의 성전을 향하여 예배하며 주의 인자하심과 성실하심으로 말미암아 주의 이름에 감사하오리니 이는 주께서 주의 말씀을 주의 모든 이름보다 높게 하셨음이라" (시 138:2)

오늘은 거룩한 주일입니다.

주님 앞에 나와 예배하며 일주일의 삶을 돌아봅니다. 지난 일주일 동안 저의 삶은 어떠했나요? 하나님께서 보실 때 거룩하고 아름다운 삶을 살았나요? 돌아보면, 그렇지 못한 저의 모습이 보입니다. 순간순간마다 나의 욕심 때문에 다른 이들을 불편하게 했고, 하나님을 욕되게 했습니다. 때로는 하나님께 돌릴 영광을 제가 받았습니다. 아이를 위한 기도를 하면서 하나님께 뭔가 간청만 했을 뿐 제 삶은 예배자의 삶이 아니었습니다. 용서하여 주시옵소서. 주님께 영광을 돌리는 삶을 살아가게 하옵소서.

○○이의 삶은 어떤가요? 제가 계속 함께 다니지 않기 때문에 잘 모릅니다. ○○이의 삶이 주님을 향한 삶을 살았으면 좋겠습니다. 오늘 주일예배를 드릴 때에도 마음과 정성을 다하여 드리

면 좋겠습니다. 하나님의 말씀을 들을 때마다 다른 생각하지 않고 경청하게 하시고, 그 말씀이 ○○의 삶에 소중한 말씀이 되게 하옵소서. 말씀대로 살아가게 하시고, 말씀이 삶의 뿌리가 되게 하옵소서.

주일이 반복되면서 습관적인 예배참여가 되지 않게 하옵소서. 하나님을 향한 감사와 영광을 드리는 감격이 있는 예배가 되게 하옵소서. ○○이의 삶을 주님께 드리며, 하나님의 임재를 경험하는 예배가 되게 하옵소서. 참된 주님의 제자의 삶을 살아갈 수 있도록 주님께서 함께하여 주시옵소서.

오늘 곳곳에서 하나님께 드려지는 예배마다 하나님의 영광이 가득하게 하옵소서. 모든 사람들의 예배에 영광을 받으시옵소서. 예배마다 하나님의 사랑이 넘쳐나게 하옵소서. 하나님을 믿는 그리스도인들에게 은혜로운 주일이 되게 하옵소서.

거룩한 주일, 거룩한 삶을 살아가는 저와 ○○이, 그리고 우리 가족이 되게 하옵소서. 하나님께 모든 영광과 감사를 드리며 예수님의 이름으로 기도합니다. 아멘.

가는 곳마다 인도하여 주소서

"내가 사망의 음침한 골짜기로 다닐지라도 해를 두려워하지 않을 것은 주께서 나와 함께하심이라 주의 지팡이와 막대기가 나를 안위하시나이다" (시 23:4)

사람들의 발걸음을 주관하시는 하나님.

이른 아침에 하나님을 찬양하게 하시니 감사합니다. 하나님께 이렇게 기도하는 시간을 허락하시니 감사합니다.

○○이의 발걸음을 인도하여 주시옵소서. 가는 곳마다 주님의 지팡이와 막대기로 인도하시옵소서. ○○이가 가는 곳마다 제가 함께할 수 없지만, 하나님께서는 모든 곳에서 함께하시니 하나님께서 돌보아 주시옵소서. 학교에 가서 배울 때마다 지혜를 주시고, 피곤하지 않도록 하옵소서. 혹여 학교에서 악한 생각이나 행동 때문에 피해를 받거나 피해를 주지 않도록 하옵소서. 선생님께서 가르치실 때에 집중할 수 있는 능력을 주시옵소서.

친구들과 함께 어울리다 보면, 자신이 뜻하지 않게 가지 말아야 할 곳에 갈 수도 있습니다. 뜻하지 않게 불미스러운 사건에 휘말릴 수도 있습니다. 하나님, ○○이가 꼭 가야할 곳에 가게 하시고, 하나님의 시선을 피해 악한 곳에 가지 않도록 하옵소서. 가는 곳마다 하나님께서 함께하셔서 아무런 사고 없이 오늘 하루도 잘 보내게 하옵소서.

다윗이 시편 23편을 통해 어두운 골짜기를 갈 때에도 두려워하지 않다고 했습니다. 그 이유는 주님께서 늘 함께하신다는 것을 믿었기 때문입니다. 하나님을 향한 다윗의 믿음은 험난한 다윗의 일생에 힘이 되어 주었습니다. ○○이도 다윗의 이런 믿음이 있기를 원합니다. 가는 곳마다, 비록 그 길이 힘들고 험한 길이라도 하나님께서 ○○이와 함께하고 있다는 사실을 믿기를 원합니다. 주님의 지팡이와 막대기가 보호하고 계시다는 것을 믿기를 원합니다. 하나님께서 시원한 물가로 ○○이를 인도하고 계시다는 것을 믿기를 원합니다.

하나님께서 거하시는 거룩한 곳에서 오늘 하루도 ○○이가 보낼 수 있도록 가는 곳마다 하나님께서 인도하여 주시옵소서. 예수님의 이름으로 기도합니다. 아멘.

좌로나 우로 치우치지 않게 하소서

"오직 강하고 극히 담대하여 나의 종 모세가 네게 명령한 그 율법을 다 지켜 행하고 우로나 좌로나 치우치지 말라 그리하면 어디로 가든지 형통하리니" (수 1:7)

사랑의 하나님.

소중한 날들을 주시고, 오늘도 귀한 날을 주시니 감사합니다. 하나님께 기도하는 이 시간이 요즘 저의 삶에서 참 좋습니다. 매일 주님께 기도하면서 내 자신을 돌아보는 시간이 되기도 하고, 특별히 ○○이를 위해 이렇게 기도할 수 있어서 좋습니다. 이런 시간이 계속 있어야 했음에도 하지 못했던 저의 부끄러운 삶을 용서해 주시옵소서. 이런 시간을 통해 저 역시 주님과 계속 교제하며 기도하길 원합니다.

이스라엘 백성을 가나안 땅으로 인도하신 하나님.

영적인 권위자였던 모세가 죽고, 그 뒤를 여호수아가 이어받았습니다. 모든 이스라엘 백성이 여호수아만 보고 있었습니다. 모세가 얼마나 위대한 지도자였습니까? 여호수아가 받는 그 압박감이란 상상할 수 없었을 것입니다. 그때 하나님께서 여호수 아에게 담대하라고 말씀하셨습니다. 내가 너와 함께하겠다고 말 씀하셨습니다. 좌로나 우로 치우치지 말고, 오직 여호와 하나님 만 바라보고 나아가라고 하셨습니다. 여호수아는 하나님의 말씀 대로 어느 곳에도 치우치지 않고 하나님의 말씀을 따라 살았습 니다. 마지막 유언에서도 여호수아는 그와 그의 후손들은 오직 여호와 하나님만 섬기겠다고 이야기했습니다.

하나님, ○○이도 여호수아에게 말씀하셨던 것처럼 좌우로 치 우치지 않고 오직 주님만 바라보게 하옵소서. 수능의 큰 압박감 에 쌓인 ○○이가 담대함으로 이겨내게 하옵소서. 가나안 정복 이라는 큰 산을 주님과 함께 넘었던 여호수아처럼, ○○이도 수 능의 힘겨운 여정을 하나님과 잘 이겨낼 수 있도록 함께하여 주 시옵소서. 담대한 믿음을 ○○이에게 주시옵소서. 수많은 시련 을 견딜 수 있는 믿음을 주시옵소서.

예수님의 이름으로 기도합니다. 아멘.

D-85일 수

계획된 생활을 하게 하소서

"어떻게 하든지 이제 하나님의 뜻 안에서 너희에게로 나아갈 좋
은 길 얻기를 구하노라" (롬 1:10)

사랑의 하나님. 독생자 예수 그리스도까지 십자가에 내어 주
실 만큼 인류를 사랑하시는 하나님.

하나님의 사랑에 감사를 드립니다. 제가 ○○이를 사랑하는
마음보다 더 깊고 넓게 하나님께서 저를 사랑하시는 것을 압니
다. 하나님의 그 사랑에 비하면, 저의 사랑은 아주 보잘 것이 없
습니다. 하지만 하나님께서 제게 허락하신 ○○이를 제가 할 수
있는 한 진심으로 사랑하며 보살피고 있습니다.

100일의 기도를 드리기 시작한 지 벌써 2주의 시간이 흘렀습
니다. 2주 동안 ○○이가 아무런 탈 없이 잘 보내게 해주셔서 감
사합니다. 수능까지 아직 많은 시간이 남아 있습니다. 남은 기
간 동안 흔들리지 않고 건강하게 잘 보낼 수 있도록 도와 주시옵
소서. 무더위도 이제 곧 꺾이고 시원한 가을이 오겠지요. 무더
운 여름이 끝날 때까지 더위에 지치지 않도록 하나님께서 도와

주시옵소서.

○○이가 그 동안 공부한 것을 정리하고 있습니다. 모든 영역에서 하나씩 정리하면서 그 동안 부족한 부분들을 채워가고 있습니다. 차분하게 빠짐없이 잘 정리하게 하옵소서. 외워야 할 것들은 다양한 방법으로 쉽게 외우고, 오랫동안 잊지 않게 하옵소서. 복잡한 문제들이나 깊이 생각해야 할 것들은 재빠르게 떠오를 수 있도록 하옵소서. 문제들을 풀면서 풀리지 않는 것들은 더 집중해서 풀 수 있도록 하옵소서.

하루하루 계획을 세워서 남은 기간을 알차게 보내게 하옵소서. 필요한 것들을 매일 채워갈 수 있도록 하옵소서. 잘 알고 있는 것들은 실수하지 않도록 하옵소서. 마음이 급해서 이것저것 하다가 중요한 것들을 놓치지 않게 하옵소서. 차분하게 정리할 수 있도록 하옵소서. 조급한 마음을 가지지 않도록 하시옵소서. 마음이 급하면 알고 있는 것도 지나칠 수 있습니다.

오늘도 ○○이와 함께하여 주시옵소서. 예수님의 이름으로 기도합니다. 아멘.

은혜를 망각하지 않게 하소서

> "그러나 내가 나 된 것은 하나님의 은혜로 된 것이니 내게 주신 그의 은혜가 헛되지 아니하여 내가 모든 사도보다 더 많이 수고하였으나 내가 한 것이 아니요 오직 나와 함께하신 하나님의 은혜로라" (고전 15:10)

우리에게 지혜를 주시는 하나님. 오늘도 호흡할 수 있도록 하시고, 새로운 날을 맞이하게 하시니 감사합니다. 오늘 하루도 주님께 영광을 돌리는 삶을 보낼 수 있도록 하옵소서.

학교에 가는 ○○이가 주님의 보살핌 속에 학교생활을 잘 할 수 있도록 도와 주시옵소서. 반 친구들이 모두 예민한 상태입니다. 수능이 고3 아이들을 그렇게 만드네요. 복잡하고 답답한 상황에서도 친구들과 잘 보낼 수 있도록 인도해 주세요. 선생님들에게도 함께하셔서 아이들을 잘 지도할 수 있도록 해주세요. 모두 힘든 시기인 만큼 서로를 배려하고 아낄 수 있도록 해주세요.

○○이와 함께 학교생활을 하는 모든 고3의 학생들, 우리나라 곳곳에서 수능을 준비하는 모든 수험생들에게 힘든 시기입니다.

이 기간, 아무런 사건사고 없이 잘 지나갈 수 있도록 하옵소서. 시기와 질투 때문에 학교에서 잡음이 일어나지 않게 하옵소서.

○○이가 가는 곳마다 주님의 평화가 임하기 원합니다. 가는 곳마다 그리스도의 향기를 내뿜고, 학교에서 하나님의 빛과 소금처럼 생활하기 원합니다. 언제 어디서나 하나님의 자녀라는 본분을 잊지 않고 살기 원합니다. 수능이라는 핑계로 예수님의 제자의 직분을 망각하지 않기를 원합니다. 하나님께서 ○○이에게 베풀어 주신 은혜를 잊지 않기를 원합니다.

전지전능하신 하나님.
하나님을 믿고 의지하는 저의 간절한 기도를 들으시고 응답하여 주시옵소서. 하나님의 시선에서 ○○이가 멀어지지 않게 ○○이의 손을 꽉 붙잡아 주시옵소서.
예수님의 이름으로 기도합니다. 아멘.

감사하는 아이가 되게 하소서

"감사함으로 여호와께 노래하며 수금으로 하나님께 찬양할지어다" (시 147:7)

세상에 많은 사람들이 신이 존재하지 않다고 합니다. 하지만 하나님께서는 살아계십니다. 영원 전부터 영원까지 계시는 분이십니다. 그 어떤 말로 형언할 수 없는 분이십니다. 하나님께서 내 삶에 살아 계시다는 것을 느끼는 아침입니다.

어제, 아이가 잠든 모습을 보았습니다. 참 많이 지친 모습이었습니다. 저도 대학입시를 겪었기에 그 압박감이 얼마나 큰지 잘 압니다. 스트레스도 참 많겠지요. 그런 모든 것들을 잘 견디고 있는 ○○이가 대견스럽습니다. 노력하고 힘쓰는 만큼 성적으로 반영이 되지 않아서 속이 상하기도 하겠지만, 자신감을 잃어버리지 않았으면 좋겠습니다. 이 아이를 위해서 더 무릎 꿇고 기도하는 부모가 되겠습니다. 제가 하나님을 향한 마음이 그대로 ○○이에게 전해졌으면 좋겠습니다. ○○이도 저처럼 하나님을 향한 믿음이 굳건하게 섰으면 좋겠습니다.

하나님.

○○이가 하루 모든 일과를 마치고, 잠자리에 들 때마다 함께 하신 하나님께 감사의 마음을 아뢰길 원합니다. 지금 우리가 살고 있는 이 시대는 다른 어떤 시대보다 혼란스럽게 급박하게 변합니다. 하루하루가 다르고, 사건사고가 끊이지 않습니다. 하루 하루를 살아간다는 것은 모두 하나님의 은혜 덕분입니다. 하나님께서 살피시고, 인도하셨기 때문에 평안한 삶을 누리면서 살고 있는 것입니다. 감사합니다.

○○이가 하나님의 인도하심을 느끼고 감사하는 사람이 되면 좋겠습니다. 자신의 능력 때문이 아니라 하나님의 도우심 때문이라는 고백이 있었으면 좋겠습니다. 오늘 하루도 주님의 품에서 거하게 하시고, 잠자리에 들 때 어제보다는 조금 편안한 마음으로 잠을 잘 수 있도록 도와 주세요. 예수님의 이름으로 기도합니다. 아멘.

시간을 잘 관리하게 하소서

"세월을 아끼라 때가 악하니라" (엡 5:16)

이 세상 모든 역사를 주관하시는 하나님!

우리의 모든 일상을 다 아시고, 우리의 삶을 인도하시니 감사를 드립니다. 행여 우리가 잘못된 길로 가지 않도록 하시고, 암흑 속에서는 빛으로 인도하시니 감사합니다.

하나님께서 모든 사람에게 24시간을 주셨습니다. 어떤 사람들은 허락하신 시간을 의미 있게 보냅니다. 낭비하는 시간 없이 알차게 보냅니다. 그런데, 저의 삶의 시간을 돌아보니 부끄럽습니다. 게으르고, 헛된 시간을 보냈습니다. 시간을 올바르게 사용하지 못한 날이 많았습니다. 무심코 흘려보냈던 시간들이 너무 많았습니다. 시간은 되돌릴 수 없기에 지금, 이 시간을 소중하게 생각해야 함에도 그렇지 못했습니다. 시간 관리를 제대로 하지 않고, 무의미하게 보냈던 저의 부족함을 고백하오니, 용서하여 주시옵소서.

○○이가 수능을 준비할 때에는 시간 관리를 잘 할 수 있기를

원합니다. 수능을 준비하는 사람이라면 모두 시간이 부족하다고 느낄 것입니다. ○○이도 그렇게 느끼고 있겠죠. 조금만 더 시간이 있다면, 좋겠다는 생각을 할 것입니다. 그런데 생각하는 것보다 더 중요한 것은, 그럼에도 불구하고 지금 이 시간에 최선을 다하는 것이라고 생각합니다. 앞으로 남은 시간도 충분히 많습니다. ○○이가 남은 시간을 계획적으로 잘 짜서 알차게 보낼 수 있도록 도와 주세요. 헛된 시간을 보내지 않게 해주세요. 중요한 일과 빨리 해야 할 일들을 구분해서 하루하루를 잘 보낼 수 있도록 해주세요.

○○이가 매일, 하루하루를 어떻게 보낼 것인지 계획을 세우고 그 계획에 맞춰서 시간을 낭비하지 않도록 해주세요. ○○이가 너무 공부하는 데에만 시간을 보내지 않았으면 좋겠습니다. 하나님께 기도하고, 몸도 마음도 조금씩 여유를 가지면서 쉼을 가질 수 있는 시간도 보냈으면 좋겠습니다. 공부에 집중한다고 몸과 마음이 지쳐서 자칫 우울감에 빠지지 않도록 해주세요. 하지만 불필요한 시간들은 줄일 수 있도록 해주세요. 오늘도 우리의 모든 시간을 주관하시는 예수 그리스도의 이름으로 기도합니다. 아멘.

하나님께 영광을 드립니다

"영광의 왕이 누구시냐 만군의 여호와께서 곧 영광의 왕이시로
다"(시 24:10)

하나님께 영광과 존귀를 올려 드립니다.

오늘은 거룩한 주일입니다. 우리가 하나님께 드리는 예배를
받아 주시옵소서. 신령과 진정으로 마음을 다하여 하나님을 예
배하는 우리가 되게 하여 주시옵소서. ○○이도 청소년부(중고
등부) 예배를 드릴 때 마음을 다하여 예배하게 하옵소서.

오늘은 주님께서 우리에게 베풀어 주신 은혜에 대한 감사의
기도를 드리고 싶습니다. 생각해보면, 저는 참 죄가 많은 사람
입니다. 어린 시절부터 지금까지, 매일 죄를 범하면서 살았습니
다. 다른 사람 눈에는 보이지 않겠지만, 저는 제 스스로 잘 알고
있습니다. 죄를 범하지 않는 날이 없었습니다. 행동뿐만 아니라
마음으로 범죄한 것들은 셀 수도 없습니다. 시기와 질투가 가득
했고, 교만했습니다. 지금 저의 삶에서도 끊임없이 일어나고 있
습니다. 그런데 이런 저에게 구원의 은혜를 베풀어 주셨으니 어

찌 감사를 드리지 않을 수 있을까요?

저의 범죄를 해결하기 위해서 제가 피를 흘려야 하는데, 예수 그리스도께서 대신 피를 흘리셔서 저의 모든 죄를 감당하셨습니다. 이보다 더 큰 은혜가 어디 있을까요? 예수님께서 나를 대신해서 십자가에서 죽으셨습니다. 제가 죽어야 하는데 말이죠. 그리고 부활하셔서 영원한 삶에 대한 소망도 함께 주셨습니다. 감사합니다. 하나님께서 저를 향한 사랑, 그 사랑에 정말 감사를 드립니다. 그 사랑과 은혜를 잊지 않고 살아가게 하옵소서. 예배할 때마다 감사가 끊이지 않게 하옵소서.

하나님께서 베푸신 그 은혜가 저만을 위한 것이 아니라 ○○이를 위한 것임을 압니다. 제가 하나님께 고백하듯이 ○○이도 저와 동일한 고백들이 나오면 좋겠습니다. ○○이 뿐만 아니라 이 세상 모든 사람들이 제가 받은 은혜를 다 받았습니다. 이 세상 모든 민족이 하나님께 받은 사랑과 은혜를 경험하고, 하나님께 영광을 돌리는 그 날이 왔으면 좋겠습니다. 오직 하나님만 섬기는 우리 모두가 되길 간절히 바랍니다.

거룩한 주일을 하나님께는 영광된 날이, 저와 ○○이에게는 은혜의 날이 되게 하옵소서. 예수님의 이름으로 기도합니다. 아멘.

꼼꼼히 살피게 하소서

D-80일 월

"미련한 자들이 슬기 있는 자들에게 이르되 우리 등불이 꺼져가니 너희 기름을 좀 나눠 달라 하거늘 슬기 있는 자들이 대답하여 이르되 우리와 너희가 쓰기에 다 부족할까 하노니 차라리 파는 자들에게 가서 너희 쓸 것을 사라 하니 그들이 사러 간 사이에 신랑이 오므로 준비하였던 자들은 함께 혼인 잔치에 들어가고 문은 닫힌지라" (마 25:8-10)

오늘도 생명을 주시고, 주님 앞에 나와 기도하게 하시는 하나님을 찬양합니다. 하나님의 말씀을 묵상하고, 그 말씀대로 살아가는 하루가 되게 하옵소서.

대학을 가기 위해서 수능시험을 봅니다. 그런데 수능시험과 함께 중요한 것이 학교생활기록부입니다. 학교에서 어떤 생활을 했는지 기록하는 것입니다. 성적, 교내 활동, 상벌 여부 등 고등학교의 모든 생활들이 기록된 것입니다. 이 생활기록부에 따라서 수능성적이 좋아도 대학에 합격하지 못하는 경우가 있습니다. 반대로 생활기록부가 좋아서 수능성적이 조금 떨어져도 대학에 진학하는 경우도 있습니다.

○○이가 고등학교에 입학해서 지금까지 학교생활을 잘 할 수 있도록 해주셔서 감사합니다. 학교생활기록부에 어떻게 기록되어 있는지, 자세히 살피게 하옵소서. 혹 누락이 되거나 잘못 기재된 것들이 있다면 발견하게 하옵소서. 꼼꼼하게 잘 살펴서 피해가 되지 않게 하옵소서. 좋은 점수를 얻기 위해서 부정한 방법을 사용하는 것은 옳지 않습니다. 하지만 자신이 한 것들을 잘 활용해서 도움을 얻는 것은 지혜입니다. 선생님이 많은 학생들을 챙겨야 합니다. 때문에 자신의 것은 자신이 더 신경을 써야 합니다. ○○이의 눈을 열어주셔서 놓치지 않고 잘 볼 수 있도록 도와 주시옵소서.

　　○○이가 조금만 더 공부했더라면, 노력을 했더라면 하는 생각을 할 수 있습니다. 이런 생각이 든다면, 후회하지 말고 지금부터 최선을 다하면 된다고 말하고 싶습니다. 지나온 시간에 마음을 빼앗기고 현재의 삶에서 후회만 하다보면, 지금의 자리에서도 최선을 다 할 수 없기 때문입니다. 수능시험 날짜가 조금씩 다가오면서 준비할 것들이 많습니다. 하나씩 조급하지 않고 잘 준비할 수 있도록 도와 주세요. 예수님의 이름으로 기도합니다. 아멘.

하나님의 백성으로서의 삶을 살아가게 하소서

"너는 여호와 네 하나님의 성민이라 네 하나님 여호와께서 지상
만민 중에서 너를 자기 기업의 백성으로 택하셨나니" (신 7:6)

우리를 구원하시기 위해서 이 세상에 오신 예수님!

사랑이 아니면 절대 이루어질 수 없는 그 사랑을 오늘도 저와
○○이가 받습니다. 그 사랑 때문에 이 세상을 이겨내며 지내고
있습니다. 감사합니다.

오늘 하루를 보낼 때 하나님께서 베풀어 주신 그 사랑을 많이
경험할 수 있기를 원합니다. 순간순간마다 감사의 마음을 전할
수 있게 해주세요. 저뿐만 아니라 ○○이도 하나님께서 베푸신
사랑을 경험하고, 그 사랑에 감사할 수 있도록 해주세요.

수능을 준비하면서 모든 마음과 생각이 공부하는 곳에 다 빼
앗기지 않게 해주세요. 자칫 공부하는 것이 하나님보다 더 우선
시 되지 않도록 해주세요. ○○이가 공부하는 목적이 하나님께
서 주신 은사로 하나님께 영광을 돌리는 것인데, 공부하는 것이

인생의 목적이 되지 않도록 해주세요.

예수님께서 이 세상에 오신 목적은 단 하나입니다. 바로 온 인류를 구원하시기 위함입니다. 십자가에서 보혈의 피를 흘리심으로 온 인류가 구원함을 얻을 수 있게 되었습니다. 예수님을 나의 구세주로 고백하기만 한다면 영원한 생명을 누릴 수 있는 하나님의 축복을 얻을 수 있습니다. 저도 ○○이도 매일 삶 속에서 예수님을 구세주로 고백을 합니다.

○○이가 공부를 하면서 점수 한 점을 올리기 위해서 그릇된 행동을 하지 않도록 하옵소서. 우리가 고백하는 것이 부끄럽지 않도록 우리의 행동도 하나님의 백성처럼 거룩하고 순결한 모습이 될 수 있도록 도와 주시옵소서.

수능시험이 이제 80일 남았습니다. 남은 기간도 하나님께서 지켜주시고, 지치지 않게 하옵소서. 오늘도 하나님의 사랑이 가득한 하루가 되길 소망하며, 예수님의 이름으로 기도합니다. 아멘.

수시를 잘 준비하게 하소서

"제자들이 예수께서 시키신 대로 하여 유월절을 준비하였더라"(마 26:19)

하나님, 우리나라의 계절이 점점 변하고 있습니다. 봄과 가을은 짧아지고, 여름과 겨울은 길어지는 것 같습니다. 여름은 갈수록 더워져서 8월의 끝자락임에도 무더위가 계속 되고 있습니다. 무더위 때문에 하루하루를 보내는 것이 힘이 듭니다. 학교를 다니고 있는 ○○이도 많이 힘들어 합니다.

대학입시가 매년 변합니다. 교육은 백년대계라고 했는데, 지금 우리나라는 매년 변하는 대학입시 때문에 혼란스럽습니다. 갈수록 정시보다 수시의 비중을 늘리는 대학들이 많습니다. ○○이가 원하는 대학에서도 수시지원을 받습니다. 학교마다 지원하는 것이 조금씩 다르기 때문에 준비해야 할 것들이 참 많습니다.

○○이가 수시를 지원하기 위해서 여러 가지 서류들을 준비하고 있습니다. 생활기록부도 챙겨야 하고, 자기소개서도 작성해

야 합니다. 생활기록부에 기록해야 할 상황들을 잘 점검하게 하옵소서. 자기소개서를 준비하는 것을 보니, 너무 힘이 듭니다. 지혜롭게 자신의 장점과 노력들을 보여줘야 하는데, 글을 통해 심사하는 분들의 마음을 움직이는 것이 쉽지 않습니다. 하나님께서 지혜를 주시옵소서.

또한 수시를 준비할 때 담임 선생님과 상담하면서 빠짐없이 잘 준비할 수 있도록 하옵소서. 처음 준비하는 것이기 때문에 어떻게 해야 할지 잘 모릅니다. 경험이 중요한 데 수 년 동안 아이들의 진학을 지도하신 선생님께서 알려주시는 것들을 놓치지 않고 준비하게 하옵소서.

걱정과 근심과 두려움이 있겠지만, 좋은 결과를 소망하며 수시를 준비합니다. 여기까지 하나님께서 도우심을 감사합니다. 수시지원을 하는 날까지 하나님께서 계속 도와 주시옵소서. 또한 수능시험을 보는 날까지 하나님의 돌보심 가운데 ○○이가 생활할 수 있도록 도와 주시옵소서. ○○이가 오늘 하루 하나님의 날개 안에 거하길 원합니다. 예수님의 이름으로 기도합니다. 아멘.

선생님과 동행하여 주소서

"예수께서 이 말씀을 하시고 제자들과 함께 기드론 시내 건너편으로 나가시니 그 곳에 동산이 있는데 제자들과 함께 들어가시니라"(요 18:1)

이 세상을 창조하신 하나님께 영광을 돌립니다. 빛이 되시고, 길과 진리가 되신 하나님께서 우리에게 가야할 길을 열어 주시고, 인도하시니 감사를 드립니다. 매일 하나님께서 베푸시는 은혜 가운데 거하게 하시는 것, 또한 감사합니다. 오늘도 주님과 동행하는 하루가 되길 원합니다.

오늘은 ○○이의 선생님들을 위해 기도합니다. ○○이가 다니는 학교에 여러 선생님들이 계십니다. ○○이를 직접 가르치시는 선생님들과 함께해 주시옵소서. 스승과 제자의 만남을 허락하셨는데, 선생님의 많은 것들이 그대로 ○○이에게 영향을 미칩니다. 선생님이 긍정적인 시각으로 ○○이를 바라본다면, 부족하더라도 긍정적으로 공부할 수 있을 것입니다. 하지만 선생님이 ○○이를 향해서 부정적인 면들을 보여준다면, 그 영향이 그대로 전해질 것입니다.

예수님과 12명의 제자들을 생각하게 됩니다. 제자들은 3년 여 동안 동거동락하면서 예수님께서 하시는 삶을 그대로 배웠습니다. 그럼에도 예수님께서 하시는 말씀을 제대로 깨닫지 못했습니다. 하지만 성령을 받은 후 예수님의 말씀을 깨닫고 복음을 전하는 사명을 감당했습니다. ○○이도 선생님들과 많은 시간들을 보내고 있습니다. 때때로 선생님의 말씀을 깨닫지 못할 때도 있습니다. 그때마다 성령님께서 함께하셔서 그 가르침을 깨닫게 하옵소서. 만약 깨닫지 못한 것이 있다면, 선생님께 찾아가서 더 가르침을 받을 수 있도록 하옵소서. 선생님도 ○○이를 사랑하는 마음으로 가르칠 수 있도록 도와 주시옵소서.

가르침뿐만 아니라 학교에서 선생님께서 말씀하시는 것에 ○○이가 힘을 얻을 수 있을 것입니다. 아이들의 마음을 헤아리며 힘을 주고, 위로를 건넨다면 학교에서 더 편안한 마음으로 지낼 수 있을 것입니다. 선생님들도 어렵고 힘든 것들이 많이 있겠지만, 아이들에게 더 많은 사랑과 관심을 베풀 수 있도록 도와 주시옵소서.

항상 함께하시는 하나님께 감사를 드리며, 예수님의 이름으로 기도합니다. 아멘.

D-76일 금

시원한 가을을 주서서 감사합니다

"하나님이 이르시되 하늘의 궁창에 광명체들이 있어 낮과 밤을 나뉘게 하고 그것들로 징조와 계절과 날과 해를 이루게 하라"(창 1:14)

우리에게 사계절을 허락하신 하나님, 감사합니다. 매일 한 여름과 같이 덥다면, 얼마나 힘들까요? 매일 겨울과 같이 춥다면, 얼마나 힘들까요? 봄과 여름, 그리고 가을과 겨울을 주셔서 감사합니다. 사계절을 경험하면서 인생의 희로애락(喜怒哀樂)도 함께 경험합니다. 하나님의 은혜와 사랑을 경험하기도 합니다. 그래서 우리의 삶에서 감사가 넘쳐나는 것인지도 모르겠습니다.

이제 9월입니다. 아직 날씨가 덥지만, 시원한 가을이 다가옵니다. 가을은 풍성한 열매를 맺는 계절입니다. 자연이 성과를 내는 것처럼, 이 가을을 어떻게 보내느냐에 따라 11월에 있을 수능시험의 성적이 결정되기도 합니다. 무더위 때문에 공부에 매진하지 못했던 아이들도 가을이 되면서 공부하겠지요. ○○이도 여름보다는 공부에 더 집중할 수 있을 것입니다.

수능을 준비하는 모든 아이들이 가을이 다가오면서 더 초조함을 느낄 것이고, 더 열심히 공부할 것입니다. 모든 아이들이 최선을 다해서 이 가을을 보낼 수 있도록 하옵소서. 성적이 올라간 아이들이 많은 만큼 성적이 떨어지는 아이들도 많을 것입니다. 어떤 아이들에게는 기쁨이 되겠지만, 또 어떤 아이들에게는 실망과 좌절이 있을 것입니다.

대학은 한정되어 있고, 아이들은 성적에 맞게 대학에 진학합니다. 모든 아이들이 좋은 대학에, 원하는 학과에 들어가면 좋은데 현실은 그렇게 되지 않습니다. 경쟁을 할 수밖에 없고, 기쁨과 좌절을 맛볼 수밖에 없습니다. ○○이도 어떤 결과를 맛볼지 알 수 없습니다. 어떤 결과가 되던지 후회하지 않는 삶을 살았으면 좋겠습니다. 남은 기간 최선을 다해 공부할 수 있도록 힘을 주시옵소서.

가을을 시작하는 오늘, 즐거운 마음으로 ○○이가 공부하길 기도합니다. 오늘도 함께해 주세요. 예수님의 이름으로 기도합니다. 아멘.

악한 생각과 행동을 하지 않게 하소서

"예루살렘아 네 마음의 악을 씻어 버리라 그리하면 구원을 얻으리라 네 악한 생각이 네 속에 얼마나 오래 머물겠느냐" (렘 4:14)

이 세상 모든 역사를 주관하시는 하나님!

우리의 모든 일상을 다 아시고, 우리의 삶을 인도하시니 감사를 드립니다. 주님의 인도하심에 따라 거룩한 삶을 살아가야 하지만, 순간순간 악한 생각과 행동을 했습니다. 용서하여 주옵소서. 행여 우리가 알지 못하는 잘못한 것들이 있다면 기억나게 하시고, 주님께 회개하게 하여 주옵소서. 기억하지 못한 죄들도 모두 주님께 간구하오니 용서하여 주옵소서.

하나님께서 이 세상을 창조하시면서 아담과 하와에게 에덴동산을 맡기셨습니다. 하나님께서 만드신 피조물을 잘 다스리라고 말씀하셨죠. 그런데 하와가 뱀의 유혹에 빠져 선악을 알게 하는 나무의 열매를 먹었습니다. 하나님과 똑같아질 것이라는 뱀의 말에 죄를 범하고 말았습니다. 바벨탑을 쌓았던 사람들도 하나님과 같이 높아지려는 목적으로 성을 쌓았습니다. 악한 생각 때문에 결국 하나님께서 언어를 흩으셔서 사람들이 세계 곳곳으로 흩어지게 하셨습니다. 이들의 범죄는 모두 하나님과 동등한 위치에 서고 싶은 교만 때문이었습니다.

사람이 무엇인가 지식이 들어가고 아는 것이 많아지면 교만해집니다. 다른 사람들에게 섬김을 받으려고 합니다. 다른 사람들 위에서 군림하려고 합니다. 이런 교만은 악의 뿌리입니다. 높아지려고 하면 할수록 악한 생각과 행동이 뒤따르기 때문입니다.

수능을 준비하고 있는 ○○이는 이런 악한 생각과 행동을 하지 않도록 도와 주세요. 지식을 넓혀 가면서도 하나님 앞에 무릎 꿇고 하나님의 전지전능하심을 고백할 수 있게 해주세요. 교만하여 하나님을 업신여기거나 무시하지 않도록 해주세요. 하나님을 향해 자신의 지식을 자랑하지 않게 해주세요. 겸손히 주님께 경배하는 ○○이가 되게 해주세요.

하나님의 깊고도 넓으신 지혜를 찬양합니다. 한량없이 부어주시는 하나님의 은혜에 감사를 드립니다. 그 은혜에 항상 충만하여 감사와 영광을 돌리며 살아가는 저와 ○○이가 되게 해주세요. 예수님의 이름으로 기도합니다. 아멘.

하나님의 음성에 귀를 기울이게 하소서

"하나님의 음성 곧 그의 입에서 나오는 소리를 똑똑히 들으라"
(욥 37:2)

주님께서 주신 거룩한 주일입니다. 복된 주일, 영광스러운 주일이 되길 기원합니다. 모든 성도들에게 기쁨과 은혜의 시간이 되길 원합니다. 하나님의 임재를 경험하는 주일이 되길 원합니다.

주일마다 일주일의 삶을 돌아보면, 매번 비슷한 저의 삶을 발견하게 됩니다. 하나님의 말씀을 듣고 그 말씀대로 살겠다고 다짐하는데, 삶에서 그대로 실천하기가 참 힘듭니다. 나의 욱한 성격이 드러나기도 하고, 나의 욕심이 무심결에 나오기도 합니다. 때로는 작정한 듯 악한 생각으로 가득하기도 합니다. 하나님으로부터 멀어진 생활이 많습니다. 하나님께 죄를 고백하고 용서를 구합니다.

오늘 주일을 보내면서, 하나님의 음성에 귀를 기울이게 하옵소서. 나의 생각과 마음을 쏟기보다는 하나님께서 제게 하시는 말씀을 듣기 원합니다. ○○이도 하나님의 음성에 귀를 기울이는 하루를 보내길 원합니다. 하나님께서 저에게, ○○이에게 무엇을 원하시고 계시는지 잘 듣기 원합니다. 저와 ○○이를 향한 하나님의 계획과 뜻을 온전히 듣기 원합니다. 귀를 열어 주시옵소서.

수능을 준비하면서 주일에 예배를 드리는 것이 시간낭비라고 생각하는 사람들도 있습니다. 시간이 아깝다고 생각하겠지요. 하지만 하나님께 예배하는 시간이 어찌 아까울 수 있을까요? 그 어떤 시간보다 더 소중하고 귀한 시간이 하나님께 예배하는 시간입니다. 하나님을 믿는 그리스도인에게 가장 우선이 되어야 할 시간은 하나님께 예배하는 시간입니다. 저뿐만 아니라 ○○이도 이 시간이 가장 중요한 시간이라는 것을 잊지 않게 하옵소서. 예배하는 시간을 소중하게 여기지 않는 순간부터 우리의 삶에서 하나님의 존재는 없어지는 것입니다.

공부를 잘 하고, 예배를 등한시 하는 것보다 공부를 잘 하지 못하더라도 하나님께 예배하는 것에 힘을 다하는 ○○이가 되길 원합니다. 하나님을 예배하는 데 소홀히 하지 않도록 도와 주시옵소서. 예수님의 이름으로 기도합니다. 아멘.

마음을 잘 다스리게 하소서

"노하기를 더디하는 자는 용사보다 낫고 자기의 마음을 다스리는
자는 성을 빼앗는 자보다 나으니라" (잠 16:32)

존귀하신 주님을 찬양합니다. 주님을 찬양할 수밖에 없는 이
유들이 너무 많습니다. 지금 이렇게 호흡하면서 하나님께 기도
하는 것도 주님의 은혜이기 때문입니다. 매일 새로운 날이 시작
될 때마다 하나님께서 저에게 주신 축복된 날이라고 고백하고
하나님의 백성으로 살아가게 하옵소서.

오늘은 저를 비롯해서 ○○이와 우리 가족을 위해 기도합니
다. 노하기를 더디하는 자는 용사보다 낫고 자기의 마음을 다스
리는 자는 성을 빼앗는 자보다 낫다고 했습니다. 사람들과 살다
보니 내 뜻과 생각과 다른 상황이 되면 화가 납니다. 특히 가장
가까운 가족들에게는 쉽게 화를 내는 것 같습니다. ○○이는 고
등학교 3학년이 되면서 화를 더 내는 것 같습니다. 수능 때문에
스트레스가 그 만큼 심하기 때문에 그렇겠지요. 하지만 그런 상
황에서도 화를 잘 다스리는 ○○이가 되면 좋겠습니다. 화를 잘

참을 줄 아는 사람이 용사보다 낫다고 했습니다. 힘으로 상대방을 제압하는 용사보다 화를 잘 참는 사람이 낫다는 말은 그 만큼 자신의 마음을 잘 다스리는 사람이 더 훌륭한 일들을 할 수 있다는 것이라고 생각합니다.

○○이가 마음을 잘 다스리기를 원합니다. 상황이 내게 불리하고 내 생각과 다르더라도, 때로는 억울하고 참기 힘든 일이 있더라도 마음을 잘 다스리기 원합니다. 쉽게 화를 내거나 분을 내지 않도록 하옵소서. 화를 내다보면, 아주 사소한 것에도 쉽게 화를 내는 것을 볼 수 있습니다. 그러다 보면, 항상 화가 난 상태로 지내는 모습을 보게 됩니다. 마음에 화가 가득해서 좋은 것은 하나도 없습니다. 특히 수능을 준비하고 있는 ○○이에게는 더 그렇습니다.

○○이와 우리 가족 모두 화내는 데 더딘 사람이 되게 하옵소서. 마음을 다스릴 줄 아는 사람이 되게 하소서. 마음의 불만과 불평으로 가득한 삶을 살지 않도록 하옵소서. 작은 일에도 하나님께 감사하며 기쁨으로 살아가게 하옵소서.

오늘도 우리와 함께하시는 하나님께 감사를 드리며, 예수님의 이름으로 기도합니다. 아멘.

임마누엘 하소서

"보라 처녀가 잉태하여 아들을 낳을 것이요 그의 이름은 임마누
엘이라 하리라 하셨으니 이를 번역한즉 하나님이 우리와 함께 계
시다 함이라" (마 1:23)

나의 마음과 정성을 다하여 주님을 찬양합니다. 내가 가진 모
든 것을 주님께 드립니다. 받아 주시옵소서. 모든 만물이 주님
께 경배하며 찬양합니다. 주님의 위대하심에 엎드립니다.

하나님을 믿는 백성에게 복을 주시고, 평안한 삶으로 인도하
시길 원하시는 하나님! 내 마음의 아픔과 근심과 걱정을 주님 앞
에 내어 놓습니다. 내 주변에 있는 악인들과 속임수를 쓰는 사람
들이 저를 혼란스럽게 합니다. 이유 없는 거짓말과 악한 말로 내
마음을 아프게 합니다. 나를 향한 공격이 참기 힘듭니다.

하나님의 백성, 하나님의 자녀, 예수님의 제자의 삶이 무엇일
까요? 하나님의 말씀대로 행하는 것이지요. 하나님의 말씀에 합
한 자가 되기 위해서 일상에서 무던히 노력하고 있습니다. 그런

데 나를 향해 악한 감정을 내뿜는 자들 때문에 견디기 힘듭니다. 하나님! 제 주변에 저를 괴롭게 하는 악한 무리들을 물리쳐 주시옵소서. 제가 할 수 있는 일은 없습니다. 그들을 향해 화를 내거나 대항할 힘도 없습니다. 하나님께서 직접 개입하여 그들에게서 구원하여 주시옵소서.

저의 힘듦처럼 ○○이에게도 주변에 힘든 사람들이 있을 것이라고 생각됩니다. 아무런 이유 없이 ○○이를 괴롭히거나 악한 말을 하는 사람도 있을 것입니다. 어두운 골짜기를 거닐 때에도 선한 목자가 자신의 양떼를 지팡이와 막대기로 지키듯 하나님께서 ○○이의 선한 목자가 되시어 ○○이를 보호하시옵소서. 저는 하나님을 믿고 의지할 수밖에 없습니다. 하나님께서 함께하여 주시옵소서.

자신의 힘과 능력을 내세우면서 힘없고 약한 사람들을 괴롭히는 사람들에게 하나님의 위대하심을 보여주시옵소서. 너희는 가만히 여호와 하나님께서 하시는 일을 바라보라고 이야기했던 모세의 말처럼 하나님께서 하시는 일을 바라봅니다. 하나님의 능력이 이 세상 곳곳에 임하길 간절히 소망합니다. 오늘도 우리와 함께하시는 하나님을 찬양하며, 예수님의 이름으로 기도합니다. 아멘.

D-71일 수

지금 이 시간 최선을 다하게 하소서

"내가 주를 바라오니 성실과 정직으로 나를 보호하소서"
(시 25:21)

하나님을 찬양합니다. 하나님의 이름이 높아지고, 영광이 가득하길 원합니다. 하나님은 선하시고, 모든 역사를 주관하십니다. 나의 주권자가 되시고, 나의 하나님이십니다. 오늘도 나와 함께하시는 하나님께 감사와 영광을 드립니다.

지금 우리나라의 입시제도는 모든 사람들을 힘들고 어렵게 합니다. 세계 어느 곳보다 치열한 입시는 '입시지옥', '입시전쟁'이라고 할 정도입니다. 대학을 진학하기 위해서는 그 누구도 피할 수 없는 길입니다. 수능을 준비하는 수험생들의 속이 타들어가고 있겠지요.

어떤 이는 결과가 좋아서 기뻐할 것이고, 어떤 이는 준비한 것보다 성과가 나지 않아서 낙담할 것입니다. 어떤 이는 공부하는 것이 자신과 맞지 않다고 포기한 친구들도 있을 것입니다. 그럼에도 고등학교를 졸업하면 모든 이들이 수능을 보기에 그 대열에 참여하는 이들도 있을 것입니다. 대학이 인생의 최종목적지가 아닌데, 모든 아이들이 최종목적지를 대학으로 정한 듯 대학 아니면 죽음을 달라는 식으로 달려듭니다.

안개가 잔뜩 끼어있는 듯 자신의 미래가 보이지 않겠지만, 지금 있는 그 자리에서 최선을 다하는 수험생들이 되게 하옵소서. 점수가 나오지 않는다고 좌절하거나 낙망해서 자신의 목숨을 내던지지 않게 하옵소서. 해마다 수능 때문에 자신의 삶을 마감하는 아이들이 생깁니다. 천하보다 귀한 영혼이 대학 때문에 삶을 포기하는 것을 볼 때마다 마음이 아픕니다. 올해에는 이런 일이 생기지 않도록 하옵소서.

어떤 계기가 되었든 수능을 준비하는 수험생들이 남은 기간을 잘 이겨냈으면 좋겠습니다. 모든 수험생이 1등을 할 수 없고, 꼴찌도 할 수 없습니다. 성적에 의해서 석차가 나오게 되어 있고, 등급에 따라 대학에 진학할 것입니다. 어떤 결과가 나오든지 수능을 준비하는 시간이 후회되지 않도록 열심히 하게 하옵소서.

하나님께서 계획하신 뜻대로 ○○이를 인도하시고, ○○이는 자신에게 맡겨진 시간에 최선을 다할 수 있도록 하옵소서. 예수님의 이름으로 기도합니다. 아멘.

결과에 상관없이 열심히 준비하게 하소서

"걱정이 많으면 꿈이 생기고 말이 많으면 우매한 자의 소리가 나타나느니라" (전 5:3)

거룩하신 하나님!

오늘 하루도 주님의 인도하심에 따라 살아가게 하옵소서. 하나님의 사랑과 은혜가 가득한 하루가 되게 하옵소서. 주변을 둘러보면서 하나님께서 저에게 베푸신 은혜에 감사하며 지내게 하옵소서.

길과 진리, 생명이 되신 예수님!

예수님께서 아무런 대가없이 십자가에서 보혈의 피를 흘리심으로 저의 모든 죄가 사해졌습니다. 예수님의 사랑이 없었다면 매일 죄 속에서 힘들어하며 사망의 그늘에서 살고 있을 것입니다. 하지만 주님께서 흘리신 보혈의 피 때문에 죄책감에서 벗어나 기쁨과 즐거움이 가득한 삶을 살게 되었습니다. 죽음에서 영원한 생명을 주셨습니다. 감사합니다.

수능시험 100일을 앞두고 기도한 지 벌써 30일이 흘렀습니다.

한 달 동안 참 많은 일들이 있었습니다. 하나님께 매일 기도했지만, 저의 마음에 두려움이 있었습니다. ○○이도 긴장 속에서 보냈습니다. 하지만 하나님께서 함께하심으로 지금까지 잘 견디고 수능을 준비하고 있습니다. 하나님의 은혜에 감사를 드립니다. 남은 70일도 하나님께서 함께하여 주시옵소서.

시간이 지나갈수록 초조한 마음을 감출 수가 없습니다. 아무것도 장담할 수 없기 때문일 것입니다. 준비가 잘 되어 있다고 하더라도 수능 당일 어떻게 될지 모르기 때문입니다. 준비한 것이 제대로 발휘되지 않을 수 있다는 걱정이 들기도 합니다. 아직 일어나지 않은 걱정과 근심 때문에 더 초조합니다.

하나님께서 ○○이를 향한 계획이 있다는 것을 믿습니다. 수능시험의 결과가 어떻게 나오든 그것 또한 하나님께서 ○○이를 향한 계획이라고 믿습니다. 이 믿음이 있다면 긴장과 초조함은 없을 것입니다. 저뿐만 아니라 ○○이도 동일한 마음, 믿음을 갖게 하옵소서.

○○이의 모든 삶을 인도하시는 예수님의 이름으로 기도합니다. 아멘.

D-69일 금

건강을 지켜주소서

"내 아들아 내 말에 주의하며 내가 말하는 것에 네 귀를 기울이라
그것을 네 눈에서 떠나게 하지 말며 네 마음 속에 지키라 그것은
얻는 자에게 생명이 되며 그의 온 육체의 건강이 됨이니라"
(잠 4:20-22)

거룩하신 하나님!

매일 아침마다 하나님께 기도하는 이 시간을 허락하시니 감사를 드립니다. 제게 이 시간은 위로의 시간입니다. 마음의 평안을 갖는 시간이기도 합니다. 하나님께 저의 모든 마음을 내놓는 시간입니다. 이 시간이 제게 소중합니다. ○○이에게도 하나님께 기도하는 시간이 소중한 시간이면 좋겠습니다. 시간이 부족하다고 하나님의 말씀을 읽는 것과 기도에 소홀하지 않게 하옵소서. 무엇이 중요한 것인지 잘 알게 하옵소서.

○○이의 건강을 위해서 기도합니다. 올해가 시작되고 지금까지 오랫동안 공부하면서 육체적으로 힘들어 합니다. 무더웠던 여름에도 끊임없이 공부에 매진하느라 더 힘들어 합니다. 하나님께서 힘을 주시옵소서. 지치지 않도록 하옵소서. 하나님께서

보내주신 시원한 바람으로 더위는 이제 조금은 물러가고 있지만, 체력이 회복되는 것이 쉽지 않습니다. 입맛도 돌아오고, 힘을 내서 마지막까지 체력이 고갈되지 않도록 도와 주시옵소서.

○○이가 매순간마다 하나님의 영광을 선포하게 하시고, 하나님만 의지하게 하옵소서. 자신의 힘이 아니라 하나님께서 주신 능력으로 해낼 수 있음을 알게 하옵소서. 인간의 생각에 모든 것이 이루어질 것이라 예측하지만, 하나님께서 허락하시지 않으면 이룰 수 없습니다. 반대로 인간의 생각으로 될 수 없는 것들도 하나님께서 길을 인도하시면 이루어집니다. 하나님께서 행하심이 있어야 합니다. 하나님께 ○○이의 모든 것을 맡기오니 ○○이의 삶을 주관하옵소서.

이번주도 학교에서 아무런 문제없이 공부에 열중하게 하옵소서. ○○이가 학교 수업시간마다 집중할 수 있도록 하옵소서. ○○이의 모든 것을 주님께 맡기며, 예수님의 이름으로 기도합니다. 아멘.

D-68일 토

자신의 길을 찾게 하소서

"구하라 그러면 주실 것이요 찾으라 그리하면 찾아낼 것이요 문을 두드리라 그리하면 너희에게 열릴 것이니 구하는 이마다 받을 것이요 찾는 이는 찾아낼 것이요 두드리는 이에게는 열릴 것이니라" (마 7:7~8)

여호와 주 하나님, 우리에게 풍성한 복을 내려 주시니 감사를 드립니다. 저의 삶을 돌아보면, 하나님께서 순간마다 도와 주셔서 흔들림 없이 믿음을 지키면서 지금까지 살아왔습니다. 때론 모든 것을 내려놓고 싶은 마음도 들고, 온 세상에 불평과 불만스러웠던 적도 있었습니다. 그럴 때마다 하나님께서 저의 마음을 잡아주시고, 위로해주셔서 감사합니다.

주님께 고백합니다. 하나님의 말씀에 돌아서서 악을 행하지 않기 위해서 노력했습니다. 주님의 모든 법들을 지키려고 했습니다. 주님 앞에서 흠 없이 살려고 제 자신을 지키면서 살았습니다. 하지만 주님, 많은 것들로 하나님께 죄를 범했습니다. 용서하여 주시옵소서.

매일 하나님께 ○○이가 수능을 잘 준비할 수 있도록 기도

했습니다. "구하라 그러면 주실 것이요 찾으라 그리하면 찾아 낼 것이요 문을 두드리라 그리하면 너희에게 열릴 것이니 구하 는 이마다 받을 것이요 찾는 이는 찾아낼 것이요 두드리는 이에 게는 열릴 것이니라"(마 7:7~8)고 예수님께서 말씀하셨습니다. 마음과 정성을 다하여 하나님께 구하고, 찾고, 문을 두드립니 다. ○○이가 지금까지 준비한 것들이 잘 이루어질 수 있도록 하 옵소서.

○○이에게 지혜를 주시옵소서. 눈을 열어 주시옵소서. 보는 것마다 깨닫게 하옵소서. 풀리지 않는 문제들이 풀리게 하옵소 서. 작은 실수 때문에 틀리는 문제가 없게 하옵소서. 자신만의 방법으로 가장 잘 공부하게 하옵소서. 하나님께서 받게 하시고, 찾게 하시며, 열리게 하시옵소서.

자신이 찾는 길을 찾아가는 ○○이가 되게 하옵소서. 가장 좋 은 방법이 무엇인지 발견하게 하옵소서. 하나님께서 그 길을 인 도하시고 ○○이가 하나님의 인도하심을 따라 걸어가게 하옵소 서. 하나님께 항상 감사와 영광을 드리며, 예수님의 이름으로 기도합니다. 아멘.

복된 주일을 복되게 하소서

"주여 주께서 지으신 모든 민족이 와서 주의 앞에 경배하며 주의
이름에 영광을 돌리리이다" (시 86:9)

복된 주일입니다. 하나님께 엎드려 경배하며 예배합니다. 홀
로 영광 받으옵소서. 일주일 동안 주님의 보살핌 속에 잘 지낼
수 있도록 해주셔서 감사합니다.

세상에서 들리는 많은 사건과 사고들이 있었습니다. 이 시대
는 정말 악하고 혼탁합니다. 조금만 방심해도 우리의 영을 흐리
게 합니다. 죄에 빠지게 합니다. 하나님으로부터 멀어지게 합니
다. 사탄의 공격이 그 어떤 시대보다 강력합니다.

예수님을 믿는 그리스도인이라면, 주일성수를 하며 하나님께
예배하는 것이 당연한 것입니다. 그런데 예배보다 개인적인 일
을 더 우선시하는 그리스도인들이 있습니다. 하나님께서도 내
사정을 잘 알고 계시니까 괜찮다고 합니다.

하나님께서는 진심으로 예배하는 예배자를 찾고 계십니다. 어찌 보면, 저 또한 하나님께서 찾으시는 예배자의 모습이 아닐 수 있습니다. 하나님, 제가 하나님께서 찾으시는 예배자이고 싶습니다. 간절히 주님께 나아가길 원합니다.

하나님, 저뿐만 아니라 ○○이도 하나님께 마음과 정성과 뜻을 다하여 예배하는 예배자의 모습을 갖기 원합니다. 몸만 교회에 있는 것이 아니라 ○○이의 모든 것을 온전히 하나님께 드리는 예배가 되게 하옵소서. 예배가 예배되게 하시고, 그리스도인의 참된 모습으로 행동하게 하옵소서.

복된 주일을 복되게 하시고, 오늘 하루도 거룩한 삶을 살아갈 수 있도록 하옵소서. 주님께서 허락하신 이 날에 하나님만 예배하게 하옵소서. 모든 영광을 하나님께 돌리게 하옵소서. 예수님의 이름으로 기도합니다. 아멘.

믿음을 본받게 하소서

"믿음의 결국 곧 영혼의 구원을 받음이라" (벧전 1:9)

나의 모든 것 되신 하나님을 찬양합니다. 복음을 듣고, 예수 그리스도를 나의 마음속에 영접하게 하셔서 구원의 기쁨을 맛보게 하시니 감사를 드립니다. 하나님께서 저의 마음을 열어 주시지 않았다면, 예수님을 그리스도로 고백하지 못했을 것입니다. 나의 모든 삶을 주관하시는 하나님께 영광을 돌려드립니다.

복음의 불모지였던 이 땅에 선교사를 보내주셔서 복음의 씨앗을 뿌리게 하신 하나님!

그 씨앗의 희생으로 삼천리강산에 복음이 자라났습니다. 많은 이들이 복음을 듣고, 자신이 죄인임을 고백했습니다. 사탄의 종이었던 신분에서 하나님의 자녀가 되었습니다. 그동안 자신의 죄된 삶을 청산하고 하나님의 사람으로 살아갔습니다. 참 힘들고 어려운 길이었습니다. 하지만, 보혈의 피를 흘리신 예수님을 향한 사랑과 믿음으로 그 길을 걸어 갔습니다. 때로는 비난과 억압을 받기도 했습니다. 심지어 목숨을 내놓는 상황도 있었습니다. 그럴 때 어떤 선택을 했을까요? 맞습니다. 조금도 두려워하지 않고 믿음을 지켰습니다. 복음을 전했습니다. 하나님을, 예수님을, 성령님을 믿었습니다. 그분들의 믿음을 본받고 싶습니다. 저도 그분들처럼 어떤 상황에서도 믿음을 지키며 살고 싶습니다. 굳센 믿음으로 살아가도록 나를 이끌어 주시옵소서.

○○이도 제가 간절히 바라는 믿음을 본받기를 원합니다. 이 세상에서 가장 귀한 것이 있다면 그것은 예수님이 나의 구세주가 되셨다는 복음을 마음속에 받아들이는 일입니다. 영혼의 구원이 없다면, 세상부귀영화를 누린들 무슨 소용이 있을까요? 하나님, ○○이가 우리 믿음의 선조들이 간직했던 신앙을 본받기를 원합니다. 저 역시 ○○이에게 믿음의 본이 되는 부모가 되길 원합니다. 저와 ○○이, 우리 가족 모두 믿음 안에서 화목한 가정이 되게 하옵소서.

월요일입니다. ○○이가 오늘부터 또 일주일 동안 학교에서 생활합니다. 학교에서도 믿음의 사람으로 지낼 수 있도록 하나님께서 돌보시옵소서. 언제 어디에서든지 하나님의 백성, 자녀임을 잊지 않고 살아가게 도와 주시옵소서. 항상 함께하시는 예수 그리스도의 이름으로 기도합니다. 아멘.

하나님께 대항하지 않게 하소서

"우리가 하나님을 의지하고 용감하게 행하리니 그는 우리의 대적
을 밟으실 이심이로다" (시 60:12)

우리가 보지 못하는 것들까지 상세하게 보시는 하나님! 하나
님께서 창조하신 세계를 들여다 볼 때마다 하나님의 오묘한 솜
씨에 감탄합니다. 조금이라도 틀어지면 존재하지 않을 세상에
각자 맡은 곳에서 질서있게 움직이는 모습이 아름답습니다. 높
고 푸른 하늘을 보면서 하나님의 높고 위대하신 능력들을 찬양
하게 됩니다.

많은 과학자들이 하나님의 창조 앞에 도전장을 내밉니다. 여
러 가지 시도를 거치면서 인간이 만들어내는 것들이 신의 세계
에 근접했다고 말하기도 합니다. 마치 인간이 신의 영역을 침범
할 수 있다는 것처럼 말입니다. 하지만 이것이 하나님께서 싫어
하시는지 그들은 잘 알지 못합니다. 하나님께서는 하나님의 영
역에 도전하는 것을 싫어하십니다. 그 영역에 도전하는 사람들
에게 하나님께서 벌을 내리신다는 것도 성경을 통해서 알고 있

습니다.

 그런데 과학자들이 자신들이 마치 신이 된 것처럼 영역들을 넓혀가면서 하나님의 존재를 무시합니다. 신은 없고, 인간이 가장 위대한 존재라면서 말입니다. 하지만 우리 인간이 얼마나 하찮은 존재인지 그들 또한 경험합니다. 폭풍과 지진과 가뭄, 홍수 앞에서 그들이 할 수 있는 것은 아무 것도 없습니다. 이런 경험 때문에 과학자들 중에 많은 이들이 이 세상은 하나님께서 창조하셨다는 것을 고백하기도 합니다. 그리고 과학으로 하나님의 창조론을 밝혀내기도 합니다.

 진화론과 창조론은 과학이라는 이름으로 동일한 길을 걷고 있는 것 같지만, 그 목적에 따라 큰 차이를 보입니다. ○○이가 다른 수험생과 동일하게 공부를 하고 있는데, 그 목적이 하나님께 영광을 돌리는 것이기 원합니다. 겉으로 보일 때는 똑같겠지만, ○○이의 중심에는 항상 하나님께 있기를 원합니다. 자만하지 않게 하시고, 항상 겸손하게 하나님을 섬기는 ○○이가 되게 하여 주시옵소서.

 오늘도 이 세상을 주관하시는 하나님께 찬양과 감사를 드리며, 예수님의 이름으로 기도합니다. 아멘.

집중하게 하소서

"노하기를 더디 하는 자는 크게 명철하여도 마음이 조급한 자는
어리석음을 나타내느니라" (잠 14:29)

여호와 주 하나님, 주님을 믿고 의지하오니 제가 절망하지 않
게 하옵소서. 주님의 날개 아래 보호하시고, 피난처가 되게 하
옵소서. 내가 힘들고 견디기 힘든 상황에서 모든 것을 다 짊어지
고 가지 않도록 하옵소서. 나의 모든 짐을 감당하시겠다고 하신
하나님께 다 맡깁니다. 내가 절망가운데 낙망하지 않도록 하옵
소서.

점점 수능시험이 다가옵니다. 초등학교에 입학하고, 중학교,
고등학교까지 12년 동안 공부한 것들을 평가하는 시험. 단 한
순간에 모든 것을 평가하는 것이 힘들지만, 시간이 다가옵니다.
이제 더 집중해야 될 시기입니다.

오늘은 ○○이의 집중력을 위해 기도합니다. 집중력이 있는
사람과 없는 사람은 차이가 많이 납니다. 같은 시간을 투자하더

라도 그 결과는 참 다릅니다. 짧은 시간이지만 집중력이 뛰어난 사람은 다른 사람이 몇 시간 보낸 시간보다 더 많은 것을 담을 수 있습니다. 오랜 시간 공부를 하더라도 집중하지 않으면 머리에 많은 것을 담을 수 없습니다. 하지만 집중해서 공부하면 많은 것을 담을 수 있습니다. 특히 암기가 필요한 과목들은 지금이 참 중요한 것 같습니다. 짧은 시간이라도 집중력을 발휘해서 많은 것을 기억할 수 있도록 도와 주시옵소서.

집중하기 위해서는 마음을 한 곳으로 모으는 것이 필요합니다. 주변에 ○○이를 유혹하는 많은 것들이 있는데, 그곳에 시선을 빼앗기지 않고 공부하는 데 집중할 수 있도록 하옵소서. 남은 기간을 잘 활용해서 공부하게 하옵소서. 부족한 시간들을 몰입해서 많은 것을 기억하게 하옵소서.

○○이가 비록 부족한 것들이 있더라도 하나님께서 채워주시옵소서. 제가 많은 것을 알지 못합니다. 하나님께서 필요한 것들마다 생각나게 하시고, 채워주시옵소서. 하나님의 작은 손길에도 ○○이는 많은 것을 채울 수 있습니다. 하나님께서 도와 주시옵소서.

오늘 하루도 공부에 집중하는 ○○이가 되길 간절히 소망합니다. 예수님의 이름으로 기도합니다. 아멘.

기쁨과 즐거움이 가득한 날이 되게 하소서

> "여호와 우리 주여 주의 이름이 온 땅에 어찌 그리 아름다운지요
> 주의 영광이 하늘을 덮었나이다"(시 8:1)

높고 푸른 하늘을 보며 하나님께 기도합니다. 어쩜 세상이 이처럼 아름다운지 그저 감탄할 수밖에 없습니다. 어떤 날은 제가 알고 있는 단어로 표현할 수 없을 정도로 아름다운 세상을 보기도 합니다. 오늘 하루가 그런 날이 되면 좋겠습니다. 아침에 눈을 뜰 때마다 평안하고 즐거운 마음을 가지길 소망합니다.

사랑이 가득하신 하나님.

○○이의 삶에서 기쁨과 즐거움이 넘쳐나면 좋겠습니다. 수능을 준비하기에 긴장과 초조함이 있겠지만, 매일 삶에서 기쁨이 있었으면 좋겠습니다. 아침에 눈을 뜨는 것이 기쁘고, 학교에 가는 것도 즐거웠으면 좋겠습니다. 마음이 맞는 친구들이 있고, 그들과 떠들면서 즐거운 시간을 가졌으면 좋겠습니다. 맛있는 음식을 먹는 것에 기쁨이 있었으면 좋겠습니다. 가는 곳마다 좋은 사람을 만남에 기뻐하면 좋겠습니다.

생각해보면, 기쁨과 즐거움이 전혀 없을 것 같습니다. 하지만 주변을 둘러보면, 하나님께서 베풀어 주신 소중한 것들이 있습니다. 공부에 집중하느라 보이지 않았을 뿐입니다. ○○이가 주변에 있는 소중한 것들을 발견하면서 기쁨을 누렸으면 좋겠습니다. 작은 일에 기뻐하는 사람이 큰 일에도 기뻐할 수 있습니다. 저나 ○○이도 작은 일에 기뻐하길 원합니다. 하나님께 늘 감사하며 즐겁게 생활할 수 있도록 도와 주시옵소서.

수능시험을 마치는 날에도 기쁨이 넘치길 원합니다. 시험을 무사히 잘 볼 수 있게 하신 하나님께, 준비하는 동안 함께하신 하나님께 감사하길 원합니다. 결과가 어떻게 나오든 최선을 다하게 하신 하나님께 감사하길 원합니다. 그래서 앞으로 하나님께서 ○○이에게 펼쳐주실 새로운 길들을 기대하며 기쁨을 누리길 원합니다.

오늘도 하나님의 인도하심을 기대하며, 예수님의 이름으로 기도합니다. 아멘.

든든한 지원자가 되어 주소서

"나 곧 나는 여호와라 나 외에 구원자가 없느니라" (사 43:11)

하나님은 위대하십니다. 그 위대하심을 찬양합니다. 하나님의 이름을 높여드립니다. 하나님 앞에 그 누구도 고개를 들고 나설 수 없습니다. 하나님께서는 창조주이시며, 주권자이시기 때문입니다. 하나님께서는 나의 빛이시며, 구원자이십니다. 나를 지지하시고, 응원해주십니다. 위대하신 하나님께서 나의 빛과 구원자이시기에 내가 세상을 향해 고개를 들고 당당하게 살아갈 수 있습니다.

저의 인생길에서 지치고 곤하여 주저앉고 싶을 때 나를 일으켜 세워주신 주님, 감사합니다. 내게 일어날 수 있는 새 힘을 주신 하나님, 감사합니다. 평탄하지 않은 길을 갈 때에도 넘어지지 않게 손을 잡아 주신 하나님, 감사합니다. 나의 등 뒤에서 나를 도우시는 주님, 나의 위로자가 되시고 나의 피난처가 되신 하나님, 감사합니다.

하나님께서 나의 등 뒤에서 나를 지지하고 응원하신 것처럼, ○○이에게도 든든한 지원자가 되어주시길 바랍니다. 아니, 제가 말하지 않아도 하나님께서는 그렇게 하고 계시겠지요. ○○이가 그것을 알고 있는지, 모르는지 알 수 없지만 하나님께서는 ○○이가 태어나기 전부터 든든한 후원자이셨을 것입니다.

수능시험을 위해서 공부하고 있는 ○○이가 자신의 등 뒤에서 하나님께서 응원하고 있다는 사실을 알았으면 좋겠습니다. 쓰러질 때 손을 잡아 이끌어주시고, 힘들 때 업어주시며, 고단한 하루하루를 잘 견딜 수 있도록 하신 분이 바로 하나님이시라는 것을 깨닫게 하옵소서. 하나님께서 계속 지켜보시고 도와 주고 계시다는 것을 알게 하옵소서. 잔잔한 미소로 ○○이를 바라보고 계시는 하나님을 발견하게 하옵소서. 그래서 제가 수없이 많은 것으로 하나님께 감사를 드린 것처럼, ○○이도 하나님께 감사하게 하옵소서. 감사가 넘치는 삶을 살아가게 하옵소서.

하나님의 은혜와 평강이 저와 ○○이에게 임하길 간절히 원하오며, 예수님의 이름으로 기도합니다. 아멘.

하나님의 말씀을 삶에 적용하게 하소서

> "너희 중에 누구든지 그에게 이르되 평안히 가라, 덥게 하라, 배부르게 하라 하며 그 몸에 쓸 것을 주지 아니하면 무슨 유익이 있으리요 이와 같이 행함이 없는 믿음은 그 자체가 죽은 것이라" (약 2:16-17)

인자하신 하나님 아버지. 모든 영광과 존귀와 능력을 주님께 드립니다. 삶의 중요한 순간마다 하나님의 말씀대로 선택할 수 있도록 영의 분별을 허락하셔서 죄의 길로 가지 않도록 하시니 감사합니다. 하지만 때때로 잘못된 선택으로 어두움의 골짜기를 가기도 합니다. 그럴 때에도 하나님께서는 저의 삶을 벌하기보다 막대기와 지팡이로 푸른 초장으로 인도하십니다. 저를 향해 달려오는 사탄의 핍박에서 견디게 하십니다. 하나님, 감사합니다.

하나님의 말씀대로 살아가길 간절히 원합니다. 말씀을 많이 듣는 것보다 더 중요한 것은 말씀을 삶에 실천하는 것이라고 생각합니다. 성경 한 구절을 읽더라도 삶에서 실천하는 것이 성경을 일독하고도 삶에 아무런 적용을 하지 않는 것보다 낫다고 생각합니다. 성경을 많이 읽었다고 자랑하지 않게 하시고, 말씀을 많이 들었다고 교만하지 않게 하옵소서. 내가 듣고 깨달은 것마다 내 삶에 적용하게 하옵소서.

오늘은 토요일입니다. 일주일 동안 피곤했던 ○○이도 충전하면서 조금 여유를 가져봅니다. 늦잠도 자고, 지쳐있던 체력도 회복하면서 남은 60여 일을 잘 보낼 수 있도록 도와 주시옵소서. 힘겹게 달려온 ○○이에게 쉼이 필요합니다. 오늘 하루 쉼을 통해 다시 힘을 내어 공부에 전념할 수 있도록 하옵소서.

그동안 해온 공부들을 점검하면서 새로운 계획들을 세울 수 있도록 하옵소서. 이제 수능이 두 달 정도 남았습니다. 시간이 다가올수록 점점 힘겨워질 것입니다. 힘겨울수록 머리를 비우고 쉼을 가지게 하시고, 부족한 부분이 무엇인지 볼 수 있도록 하옵소서. 보충하고 재점검해서 놓치는 부분이 없도록 해주시옵소서.

오늘도 저와 ○○이에게 하나님의 은혜가 가득한 하루가 되게 하시고, 사탄의 유혹에 흔들리거나 빠지지 않게 하옵소서. 예수님의 이름으로 기도합니다. 아멘.

주님의 말씀은 내 발의 등불입니다

"주의 말씀은 내 발에 등이요 내 길에 빛이니이다" (시 119:105)

오늘도 새 날을 주시고, 하나님의 전에서 예배할 수 있도록 하신 하나님께 감사와 영광을 드립니다. 주일마다 하나님께 마음껏 예배를 드릴 수 있도록 허락하신 하나님의 은혜에 감사를 드립니다.

지금도 세상 곳곳에서 숨을 죽이며, 목숨을 걸고 하나님께 예배를 드리는 그리스도인들이 있습니다. 중동, 아프리카, 중국, 북한 등 하나님을 믿고 예수님을 그리스도로 고백하는 것을 용납하지 않는 정권들 때문에 어렵게 예배를 드립니다. 주님을 향한 진실한 예배를 드리고 있습니다. 오늘, 저의 예배가 그들과 동일한 예배가 되길 원합니다. 오늘, ○○이의 예배가 간절하고 진실한 예배가 되길 원합니다.

주님의 말씀은 내 발의 등불이요 내 길의 빛입니다. ○○이가 가는 곳마다 주님의 말씀으로 무장하게 하옵소서. 오늘 하나님께서 하시는 말씀이 ○○이의 등불이 되게 하옵소서. ○○이의 길을 인도하는 빛이 되게 하옵소서. 하나님께서 비추는 곳마다 모든 것들이 다 드러나게 하옵소서. 영적인 분별력이 있게 하옵소서. 지혜의 영을 부어주셔서 실패하는 횟수를 줄여주시고, 시간이 부족하지 않게 하옵소서.

오늘 주일예배 시간에 말씀을 전하시는 설교자분들에게 하나님의 능력이 임하게 하옵소서. 제가 예배하는 주일예배와 ○○이가 예배하는 청소년부(중고등부) 예배에 함께하시옵소서. 예배가 복되게 하시옵소서. 뜻과 정성을 다하여 하나님께 예배하게 하옵소서. 저와 모든 성도들, ○○이와 모든 중고등부 학생들이 하나님께 영광을 드리고, 하나님의 은혜가 충만한 시간이 되게 하옵소서.

오늘 주일을 하나님께서 주관하시고, 인도하시옵소서. 매 순간마다 하나님의 손길을 경험하는 하루가 되게 하옵소서. 하나님께 모든 영광을 올려 드리며, 예수 그리스도의 이름으로 기도합니다. 아멘.

기쁜 날이 되게 하소서

"주께서 이르시되 너희에게 겨자씨 한 알만한 믿음이 있었더라면 이 뽕나무더러 뿌리가 뽑혀 바다에 심기어라 하였을 것이요 그것이 너희에게 순종하였으리라" (눅 17:6)

주님을 찬양하며 경배와 영광을 드립니다. 예수 그리스도를 이 땅에 보내주셔서 십자가에서 보혈의 피를 흘리고 부활하심으로 우리에게 구원의 기쁨과 부활의 소망을 주신 은혜와 사랑에 감사를 드립니다. 매일 하나님께 감사를 드리며 살아가게 하옵소서. 내게 일어나는 많은 것들이 나의 힘으로 된 것처럼 교만한 마음으로 지내지 않도록 하옵소서.

오늘도 주님께서 저와 ○○이와 함께하시고, 우리의 삶에 주님의 은혜가 가득하게 하옵소서. 특별히 우리 안에 가득한 죄를 거두어주시고, 하나님의 거룩하신 이름으로 새롭게 거듭나게 하옵소서. 저와 ○○이의 삶이 회복되는 하루가 되게 하옵소서. 그리하여 하나님을 향하여 기뻐하고 즐거워하는 날이 되게 하옵소서.

고난이 없이는 영광도 없다고 했습니다. 지금 수능을 준비하는 ○○이에게 이 시간이 고난의 시간이 될 수도 있습니다. 하지만 이 시간이 없다면 영광의 날도 없겠지요. 저와 ○○이가 원하는 점수가 영광이기도 하겠지만, 하나님께서 말씀하신 영광이 꼭 그것만은 아닐 것입니다. 설사 원하는 점수를 얻지 못하더라도 수능을 준비하면서 ○○이가 삶에서 깨닫고 배운 모든 것이라고 생각합니다. 이 시간이 아니면 삶에서도 배울 수 없고 깨달을 수 없는 것들이겠지요.

씨앗이 작지만 땅에 떨어져 생명을 뿌리내리게 되면, 시간이 걸리겠지만 큰 나무가 됩니다. 자라면서 수많은 풍파와 거친 상황들을 이겨내야 되겠지요. 하지만 큰 나무가 되면, 많은 열매를 맺습니다. ○○이가 지금은 작은 씨앗과 같겠지만, 미래에 큰 나무가 되어 많은 열매를 맺을 것입니다. 앞으로의 소망을 생각하면서 ○○이가 지금의 시간을 기쁨으로 여기고 즐기면 좋겠습니다.

예수님께서 ○○이의 마음속에 찾아가서 오늘도 학교에서 생활하는 ○○이가 즐거운 마음으로 보낼 수 있도록 하옵소서. 예수님의 이름으로 기도합니다. 아멘.

욕심을 버리게 하소서

"욕심이 많은 자는 다툼을 일으키나 여호와를 의지하는 자는 풍족하게 되느니라"(잠 28:25)

거룩하신 하나님!

하나님께 감사하는 마음으로 오늘도 살아가길 원합니다. 저의 삶에서 감사가 끊이지 않기를 원합니다. 매일 주님의 성품을 닮아가는 저와 ○○이가 되게 인도하여 주옵소서. 우리의 생각과 입술과 삶을 주관하여 주옵소서. 하나님의 자녀로서 합당한 삶을 살아가게 하옵소서.

수능시험을 볼 시간이 점점 다가오면서 저의 마음에 찾아오는 악한 생각들을 떨쳐버리기 힘이 듭니다. 어떻게 되든지 ○○이가 원하는 대로 다 되면 좋겠습니다. 가끔씩 어떤 방법을 써서라도 좋은 점수만 얻으면 될 것이 아닌가 하는 생각이 들기도 합니다. 때로는 하나님께 ○○이가 아는 문제만 출제해 달라고 떼를 쓸까 하는 생각도 했습니다. 수능시험을 보는 다른 사람들이 시험이 다 망쳤으면 좋겠다는 생각도 했습니다.

이 모든 것이 다 저의 욕심입니다. ○○이가 잘 되면 좋겠다는 마음이지만, 그것은 핑계일 뿐 제 마음에 욕심이 가득하기 때문입니다. 욕심은 참 무서운 것 같습니다. 내 욕심을 채우기 위해서 수단과 방법을 가리지 않으려고 합니다. 그게 지나쳐서 때로는 다른 사람에게 해를 끼치기도 합니다. 때로는 사람으로서 해서는 안 되는 일까지 합니다. 온 천하에 모든 것이 드러나기 전까지는, 하나님께 벌을 받기 전까지는 결코 뉘우치지 못할 지경까지 가게 됩니다.

하나님!

제가 먼저 제 욕심에서 벗어날 수 있도록 도와 주세요. 욕심이 끝이 없습니다. 욕심이 잉태하면 죄를 낳고, 죄가 장성하면 사망에 이르게 된다는 말씀을 마음 깊이 새깁니다. 욕심 때문에 제 삶이, ○○이의 삶이 사망에 이르는 일이 없도록 해주세요.

하나님께서 메마른 땅에서도 푸른 초장으로 인도하시기 위해서 저와 ○○이의 길을 열어주심을 믿습니다. 온전히 하나님을 믿고 의지하길 원합니다. 하나님께서 인도하시는 대로 따라가겠습니다. 예수님의 이름으로 기도합니다. 아멘.

하나님의 자녀다운 삶을 살게 하소서

"성령이 친히 우리의 영과 더불어 우리가 하나님의 자녀인 것을
증언하시나니 자녀이면 또한 상속자 곧 하나님의 상속자요 그리
스도와 함께 한 상속자니 우리가 그와 함께 영광을 받기 위하여
고난도 함께 받아야 할 것이니라" (롬 8:16-17)

전지전능하신 하나님!

매일 하나님으로부터 벗어나 죄를 범한 우리를 찾아주시니 감
사를 드립니다. 또한 너는 내 것이라면서 하나님의 자녀로 삼아
주시니 더욱 감사를 드립니다. 그럼에도 계속 하나님의 말씀대
로 살지 못했습니다. 저의 잘못된 삶들을 용서하여 주시옵소서.

하나님의 자녀로 세상을 살아가는 것이 만만치 않습니다. 하
나님의 말씀을 삶에서 실천하며 구별된 삶을 살아야 하지만, 조
금 더 편안하고 좋은 것들만 찾게 됩니다. 세상에 편안하고 좋은
것이 다 나쁘지 않습니다. 그런데 안락한 것을 찾다보면, 하나
님께서 싫어하시는 것들이 참 많습니다. 그럴 때마다 마음에 갈
등이 많습니다. 어떤 길을 가야 하는지.

저의 삶을 돌아보면, 어떤 때에는 하나님의 자녀답게 거룩하고 정의로운 길을 선택합니다. 반대로 어떤 땐 하나님과 반대의 길을 선택하기도 합니다. 어떤 선택을 하든지 제게 더 많은 유익이 있을 것을 선택했습니다. 그러니까 하나님의 말씀보다는 제 생각대로 살았다고 말할 수 있습니다. 이런 삶을 살다보니 남에게 상처를 주기도 하고 다른 사람을 정죄하고 내게 필요한 것들만 채우기 위해 살게 되었습니다. 저의 생각이 아닌 하나님의 말씀에 의지하며 살 수 있도록 제 삶을 이끌어 주시옵소서.

○○이의 삶에서도 저와 동일한 갈등의 순간이 많이 있을 것입니다. 그럴 때마다 하나님의 자녀로서의 삶을 선택할 수 있도록 도와 주시옵소서. 자신에게 안락하고 편안 것들만 찾지 않게 하옵소서.

저와 ○○이에게 긍휼을 베풀어 주셔서 용서하옵소서. 오늘 불편하고 손해가 되더라도 저와 ○○이가 하나님의 말씀에 순종하길 원합니다. 예수님의 이름으로 기도합니다. 아멘.

꿈과 희망을 갖게 하소서

"그들이 그에게 이르되 우리가 꿈을 꾸었으나 이를 해석할 자가
없도다 요셉이 그들에게 이르되 해석은 하나님께 있지 아니하니
이까 청하건대 내게 이르소서" (창 40:8)

보배롭고 존귀하신 하나님을 찬양합니다. 하나님의 말씀은 진
리이시고, 변함이 없으십니다. 풀이 마르고 꽃은 시들지만, 주
님의 말씀은 영원하십니다.

꿈과 희망을 주시는 하나님, 감사합니다. 성경의 많은 인물들
을 통해서 하나님께서 하나님의 사람들에게 어떻게 역사하시는
지 잘 보여주셨습니다. 하나님께서 꿈을 통해 요셉에게 하나님
의 위대하신 계획들을 보여주셨습니다. 요셉의 삶을 돌아보면,
억울하고 불만스러운 일들이 참 많았지만 불평하지 않았습니다.
그것은 아마도 하나님께서 보여주신 꿈 때문이었을 것입니다.
하나님께서는 요셉에게 하나님께서 보여주신 꿈과 희망을 수년
이 흐른 후 이루게 하셨습니다. 사람의 생각으로는 전혀 일어날
수 없는 일이 요셉의 삶에서 일어난 것입니다.

요셉을 통해 꿈과 희망을 주신 것처럼 ○○이에게도 하나님의 위대한 꿈들을 볼 수 있도록 하옵소서. 하나님께서 베푸실 꿈과 희망을 ○○이가 마음속에 품게 하옵소서. 그리하여 현재의 삶이 때로는 고통스럽고 억울한 부분이 있더라도 인내하며 견디게 하옵소서. 하나님을 향하여 원망하지 않게 하옵소서.

○○이가 전지전능하신 하나님의 자녀로서 당당한 삶을 살기 원합니다. 어떤 어려움 앞에서도 하나님께서 동행하시고, ○○의 꿈을 향해 인도하신다는 믿음을 가지길 원합니다. 이스라엘 백성이 미디안과 싸울 때 모세가 두 손을 들고 기도하면 이기고, 손을 내리면 밀렸습니다. 그때 모세의 곁에서 아론과 훌이 모세의 두 손을 붙잡고 내려오지 못하도록 했습니다. 전쟁에서 완벽하게 승리할 때까지 아론과 훌의 지원이 계속 되었습니다.

○○이가 수능을 마칠 때까지 제가 아론과 훌처럼 ○○이를 위해 지원자의 심정으로 기도하게 하옵소서. 제가 매일 기도하는 일에 소홀히 하지 않게 하시고, ○○이의 꿈과 희망을 위해 기도하게 하옵소서. 예수님의 이름으로 기도합니다. 아멘.

승리의 깃발을 꽂게 하소서

"모세가 제단을 쌓고 그 이름을 여호와 닛시라 하고 이르되 여호와께서 맹세하시기를 여호와가 아말렉과 더불어 대대로 싸우리라 하셨다 하였더라" (출 17:15-16)

여호와 닛시, 승리의 깃발을 날리신 하나님을 찬양합니다. 영적 전쟁마다 하나님께서 저와 동행하셔서 힘과 교묘한 술수로 나를 넘어뜨리는 사탄의 힘을 무력화 시키시고, 나를 구원하시니 감사합니다. 자기 스스로 힘과 능력이 강하다는 민족들이 모두 하나님 앞에 무릎을 꿇었습니다. 전쟁에 이기고 지는 것은 모두 하나님께 달렸습니다.

눈에 보이지 않지만, 지금 이 시대에 영적 전쟁은 심각합니다. 사탄은 시간이 갈수록 교묘하게 사람들 마음속에 들어가서 유혹합니다. 심지어 성도들이 알아차리기 힘들 정도로 왜곡된 생각과 마음을 가지도록 합니다. 마치 하나님을 잘 믿고 섬기는 것이라고 생각하게 합니다. 하지만 실상은 마귀의 속임수로 자기 합리화를 하면서 자신의 욕심을 챙기는 경우들이 많습니다. 그만큼 영적 분별력이 필요한 시대입니다.

하나님, ○○이가 수능을 준비하면서 더 많은 사탄의 시험이 있을 것입니다. ○○이가 영적 분별력을 가지고 사탄의 속임수에 빠지지 않게 도와 주시옵소서. 예수님께서 말씀으로 사탄을 이기셨던 것처럼 항상 하나님의 말씀으로 무장한 삶을 살게 하옵소서. 사탄을 이길 수 있는 힘은 오직 하나님의 말씀밖에 없습니다. "하나님의 말씀은 살아 있고 활력이 있어 좌우에 날선 어떤 검보다도 예리하여 혼과 영과 및 관절과 골수를 찔러 쪼개기까지 하며 또 마음의 생각과 뜻을 판단"(히 4:12) 하십니다. ○○이가 이 말씀을 붙잡고 살아가게 하옵소서.

하나님께서 ○○이와 동행하심으로 가는 곳마다 승리의 깃발을 꽂기를 원합니다. 아무리 힘이 세고 강한 민족들도 하나님을 이기지 못했습니다. 하나님의 능력에 대항할 수 있는 것은 아무 것도 없습니다. ○○이가 하나님의 능력에 힘입어 항상 승리하게 하옵소서.

두 손을 높이 올려 하나님을 찬양합니다. ○○이에게 힘과 능력을 주시옵소서. 어디서든지 사탄을 향해 담대하게 하나님의 말씀을 선포하게 하옵소서. 예수님의 이름으로 기도합니다. 아멘.

온전한 믿음을 갖게 하소서

"여호와께서 아브람에게 이르시되 너는 너의 고향과 친척과 아버지의 집을 떠나 내가 네게 보여 줄 땅으로 가라 내가 너로 큰 민족을 이루고 네게 복을 주어 네 이름을 창대하게 하리니 너는 복이 될지라 너를 축복하는 자에게는 내가 복을 내리고 너를 저주하는 자에게는 내가 저주하리니 땅의 모든 족속이 너로 말미암아 복을 얻을 것이라 하신지라" (창 12:1-3)

우리와 함께하셔서 도우시고, 우리의 삶에 피난처가 되시니 감사합니다. 다윗이 대적들에게 쫓길 때 하나님께 감사를 드렸던 시편이 생각납니다. 다윗은 사슴이 시냇물을 찾기에 갈급함 같이 자신의 영혼이 주를 찾기에 갈급하다고 고백했습니다. 주님이 함께하셔서 자신의 영혼을 구원해 주시길 원하는 간절한 마음이 들어 있습니다. 오늘 제가 다윗과 같습니다. 내 영혼이 주를 찾기에 갈급합니다. 내 영혼을 구원하옵소서.

아브라함은 하나님께서 지시하신 땅이 어디인지 몰랐지만, 믿고 그 땅을 향해 나아갔습니다. 성경에서는 아브라함이 여호와를 믿으니 하나님께서 의로 여겼다고 했습니다. 아브라함의 믿음이 그만큼 위대한 것이었습니다. 아브라함이 나이가 많아 아이를 낳을 수 없었습니다. 의학적으로 아이를 낳는 것은 불가능했습니다. 하지만 하나님께서 아브라함을 통해서 아이를 낳을 것이라고 말씀했을 때 그 약속을 믿었습니다. 이런 믿음이 있었기 때문에 아브라함을 믿음의 조상이라고 부른 것이겠지요.

비록 저의 생각으로 헤아리지 못하더라도 하나님께서 약속하신 것이라면, 약속하신 것을 꼭 이루어 주신다는 신실하신 하나님을 믿게 하옵소서. 하나님께서는 약속하신 것을 지키시지 않으신 적이 없으십니다. 저와 ○○이에게 하나님을 온전히 믿는 믿음을 갖게 하옵소서. ○○이가 생각할 때 도저히 이루어질 수 없을 것이라고 생각하는 것도 하나님께서 약속하셨다면 꼭 이루어 주실 것입니다. 그것이 무엇이든지 하나님께서는 못하시는 것이 없습니다. ○○이가 온전한 믿음으로 가득하길 원합니다.

하나님께서 주신 믿음으로 오늘도 생활하게 하소서. 예수님의 이름으로 기도합니다. 아멘.

순종의 삶을 살게 하소서

"사무엘이 이르되 여호와께서 번제와 다른 제사를 그의 목소리를
청종하는 것을 좋아하심 같이 좋아하시겠나이까 순종이 제사보다
낫고 듣는 것이 숫양의 기름보다 나으니" (삼상 15:22)

6일 동안 일하게 하시고, 7일째 되는 날 쉼을 허락하신 하나
님, 감사와 영광을 받으시옵소서. 거룩한 주의 날에 성도들이
모여 하나님께 예배합니다. 오늘 드리는 모든 예배를 받아 주시
옵소서. 하나님께 경배하며 찬양하는 거룩한 날이 되길 원합니
다. 하나님을 믿는 모든 성도들이 신령과 진정으로 하나님께 예
배하길 원합니다.

하나님께서 성경을 통해 순종이 제사보다 낫다고 말씀하셨습
니다. 오늘 드리는 예배의 행위보다 더 중요한 것은 하나님의 말
씀에 순종하는 것입니다. 순종하는 삶을 살지 않으면서 주일마
다 교회에 앉아 있다면 그것이 무슨 소용이 있을까요? 육체만
교회 안에 있을 뿐 마음이 세상에 있다면, 그 예배는 진실한 예
배가 아닙니다. 순종의 믿음을 갖게 하옵소서.

하나님, 제가 먼저 순종의 모범이 되게 하옵소서. 하나님께서 이스라엘 백성들을 향해 하나님을 사랑하고 이웃을 사랑하라고 했습니다. 그리고 그것을 마음에 새기라고 했습니다. 마음에 새기는 것은 삶에서 그대로 순종하는 것입니다. 먼저 부모가 말씀에 순종한 후에 자녀들에게 언제 어디를 가든지 그 말씀을 읽고 순종하게 가르치라고 했습니다. 이 말씀처럼 제가 먼저 말씀에 순종하는 삶을 살게 하옵소서.

○○이도 말씀에 순종하는 삶을 살게 하옵소서. 오늘 예배를 통해 선포된 말씀을 마음에 새기게 하옵소서. 말씀이 깨달음에서 그치지 않고 삶에서 순종하는 모습으로 이어지게 하옵소서. 말씀이 ○○이의 삶에서 살아 숨을 쉬게 하옵소서. ○○의 순종을 통해서 하나님의 능력이 임하게 하옵소서.

혼탁한 세상을 살아가는 ○○이가 겉으로 보이는 행위에만 치우치지 않게 하옵소서. 온 마음과 정성과 뜻을 다하여 여호와 하나님만 경배하며 섬기게 하옵소서. 하나님의 말씀에 순종하는 삶을 살게 하옵소서. 예수님의 이름으로 기도합니다. 아멘.

최선을 다하는 하루가 되게 하소서

> "하나님의 말씀을 너희에게 일러 주고 너희를 인도하던 자들을 생각하며 그들의 행실의 결말을 주의하여 보고 그들의 믿음을 본받으라" (히 13:7)

이 세상, 온 우주만물을 창조하신 하나님, 감사를 드립니다. 저를 이 세상에 보내주시고, 저를 통해 ○○이도 보내주셔서 감사합니다. 저와 ○○이가 부모와 자녀로 만나게 하신 하나님의 선하신 뜻이 있을 것입니다. 그 뜻을 꼭 이루게 하옵소서. 하나님께서 원하신 길을 걷게 하옵소서.

모든 일에 최고가 될 수는 없어도 내가 할 수 있는 한 최선을 다하는 것이 바로 그리스도인의 모습입니다. 하나님께서 주신 달란트가 있음에도 그것을 땅에 묻고 가만히 시간만 보내는 신앙인은 게으르고 불순종한 사람입니다. 하나님으로부터 질타를 당하게 됩니다. 내게 주신 달란트를 가지고 나의 삶에서 최선을 다하는 것을 원하십니다.

○○이가 수능시험을 위해서 공부하고 있습니다. 지금 ○○이에게 맡겨진 일은 수능시험입니다. 이 시험을 위해서 ○○이가 가지고 있는 달란트로 최선을 다하게 하옵소서. 수능시험일까지 할 수 있는 모든 것들을 다 쏟아 부을 수 있도록 하옵소서.

예수님께서 3년 동안 이스라엘 곳곳을 다니시면서 최선을 다해서 사역하셨습니다. 많은 사람들이 몰려와서 피곤하셨지만, 한 사람 한 사람 직접 만나셔서 병을 고쳐 주셨습니다. 사람들에게 하나님의 말씀을 전했습니다. 잠을 줄여가면서 홀로 하나님께 기도하셨습니다. 제자들에게 할 수 있는 사랑을 베풀어 주셨습니다.

예수님께서 직접 우리에게 본을 보이신 것처럼 저 역시 ○○이에게 본이 되게 하옵소서. 제가 있는 삶의 자리에서 최선을 다하게 하옵소서. 어떤 결과가 나오더라도 최선을 다하는 모습을 ○○이에게 보여줄 수 있는 부모가 되게 하옵소서.

○○이가 최선을 다하는 하루가 되게 하옵소서. 예수님의 이름으로 기도합니다. 아멘.

D-51일 화

하나님 뜻대로 되길 원합니다

"주께서 너희 마음을 인도하여 하나님의 사랑과 그리스도의 인내
에 들어가게 하시기를 원하노라" (살후 3:5)

전능하신 하나님을 찬양합니다. 늘 주님을 찬양하며 영광과
감사를 드립니다. 하나님의 사랑 안에서 우리의 삶이 충만하게
하시니 감사합니다. 감사할 일이 제 삶 속에 가득하게 하시니 감
사합니다.

수시 지원을 하고 결과를 기다리고 있습니다. 고등학교에 들
어가서 학업에 열심을 다한 결과가 좋게 되길 원합니다. ○○이
가 지원한 대학교와 학과에 많은 지원자들이 모였습니다. 모두
한결같은 마음일 것입니다. 합격의 간절한 마음을 지니고 있겠
지요. 결과에 따라 어느 가정은 웃음꽃이 만개할 것이고, 어느
가정은 침울할 것입니다. 특히 수시에 집중한 학생일 경우에는
수시 결과에 더 기대를 할 것입니다.

○○이가 지원한 수시의 결과가 어떻게 나오든지 하나님께 감

사와 영광을 돌릴 수 있길 원합니다. 저 역시 하나님의 뜻에 합당한 결과가 나올 것이라 믿습니다. 합격이 되면 그것이 하나님의 뜻이고, 만약 불합격이 되면 그것 또한 하나님의 뜻이라 믿게 하옵소서. 지금 저의 마음이 이러하지만, 막상 불합격이라는 사실을 받아들이기에 참으로 힘들 수 있습니다. 하지만 하나님, 그러한 일이 있을 때 제 마음을 다스려 주옵소서. 온전히 하나님의 선하신 뜻임을 받아들이게 하옵소서.

발표가 나기 전까지 그 기다림이 참 깁니다. 이 기다림 속에 하나님께 더욱 기도하는 시간을 갖게 하시고, 저와 ○○이의 중심에 하나님께서 자리를 잡고 계셔서 우리의 삶을 이끄시옵소서. 오직 주님의 주권에 순종하는 저와 ○○이가 되게 하옵소서.

예수님께서 겟세마네 동산에서 하나님께서 하실 수만 있다면 이 잔을 내게서 거두어달라고 기도하셨습니다. 하지만 나의 원대로 마옵시고, 하나님의 뜻대로 되길 원한다고 했습니다. 저 또한 우리 바람이 이루어지길 원하지만 하나님의 뜻대로 이루어지길 원합니다. 오늘도 하나님께 감사하며 지내게 하옵소서. 예수님의 이름으로 기도합니다. 아멘.

간절히 기도하게 하소서

> "여호와께서 빈궁한 자의 기도를 돌아보시며 그들의 기도를 멸시
> 하지 아니하셨도다"(시 102:17)

우리에게 한없이 풍성한 은혜를 베풀어 주시는 하나님께 감
사를 드립니다. 우리가 기도할 때마다 응답하시고, 구하지 않는
것들까지 필요에 따라 채워주시니 감사합니다.

기도하는 이 시간이 오늘 하루 중에 가장 기쁘고 평온한 시간
이 되게 하옵소서. 이 기도를 통해 제 마음속에 있는 모든 것들
을 하나님 앞에 내어놓는 시간이 되게 하옵소서. 저와 ○○이가
아뢰지 못하는 것들까지 성령님께서 아시오니 다 아뢰어 주옵소
서. 지금 ○○이에게 꼭 필요한 것을 아뢰게 하옵소서.

수능 시험을 100일 앞두고 시작한 이 기도가 50여 일 남았습
니다. 그동안 많은 일들이 있었습니다. 힘들고 짜증나는 일도
있었고, 기쁘고 좋은 날도 있었습니다. 하지만 시험을 준비하는
시간이 대체로 긴장과 초조함 속에 있기 때문에 힘든 날이 많았

습니다. 웃고 있지만, 마음은 답답했습니다. 평온한 마음을 가지려고 했지만, 불안한 시간들이 많았습니다.

매일 기도하지만, 곧바로 기도의 응답이 이루어지지 않을 때는 모든 것을 포기하고 싶은 마음이 있었습니다. 저와 ○○이가 포기하지 않고 하나님께 기도하게 하옵소서. 제 마음이 이렇게 심란한데, ○○이의 마음은 얼마나 힘들까요? 저보다 더 많이 포기하고 싶다는 마음이 들었을 것입니다. 그럼에도 지금까지 견디고 열심히 하고 있는 ○○이에게 힘을 주시옵소서.

하나님, ○○이의 마음을 잡아 주옵소서. 하나님께 기도한 것들이 당장에 이루어지지 않더라도 낙망하지 않게 하옵소서. 오히려 하나님께 더욱 간절한 마음으로 기도에 힘쓸 수 있도록 하옵소서. 저 역시 힘을 내서 하나님께 마음을 다하여 기도하겠습니다. 저와 ○○이에게 힘을 주옵소서.

오늘도 하나님의 인도하심을 따라 행복하고 거룩한 삶을 살아갈 수 있도록 하옵소서. ○○이가 언제 어디서든지 하나님께 기도하길 원합니다. ○○이의 기도를 들으시고, 응답하여 주실 것을 믿습니다. 예수님의 이름으로 기도합니다. 아멘.

D-49일 목

포기하지 않게 하소서

"인내는 연단을, 연단은 소망을 이루는 줄 앎이로다" (롬 5:4)

하늘과 땅을 창조하신 하나님.

하나님께서 지으신 이 세상을 볼 때마다 오묘하신 하나님의 솜씨에 감탄합니다. 이렇게 아름다운 세상을 만드신 하나님을 찬양합니다. 좋은 날씨에 몸과 마음이 좋아집니다.

하나님, 하루하루가 반복적으로 되풀이되는 삶 때문에 ○○이 가 지겹고 지치는 것 같습니다. 저 역시 조금씩 지쳐갑니다. ○○이가 열심히 하는 것 같은데, 결과가 그리 나아지지 않는 것 같아서 속이 상하기도 합니다.

저와 ○○이가 기다림에 지치지 않게 하옵소서. 좋은 성적이 나오지 않는다고 지레 겁을 먹고 포기하지 않도록 하옵소서. 많은 수험생들도 지금 ○○이와 같은 마음일 것입니다. 같은 고민에 빠져 있을 그들에게도 하나님께서 힘을 주시고, 포기하지 않게 하옵소서.

특히 주님께 간절히 원하는 것은 수능시험을 준비하면서 성적 때문에 스스로 자신의 목숨을 끊는 아이들이 없었으면 좋겠습니다. 매년 언론을 통해서 많은 아이들이 시험과 성적의 스트레스 때문에 자살하는 것을 보게 됩니다. 이 얼마나 슬픈 현실입니까? 대학이 인생의 목표가 아닌데, 성적 때문에 귀하고 소중한 자신의 삶을 포기한다니 마음이 아픕니다. 모든 수험생들이 이 시기를 잘 견디고 삶도 시험도 포기하지 않게 하옵소서. 남은 기간도 지금까지 시간을 보낸 것처럼 잘 보낼 수 있도록 하옵소서.

○○이가 고3이 되고 나서 오랫동안 자리에 앉아서 공부를 하다 보니, 여기저기 불편한 곳이 있는 것 같습니다. 책을 많이 봐서 눈이 뻑뻑하고 충혈도 됩니다. 신경을 많이 쓰니 두통도 있는 것 같습니다. 소화불량도 있고, 가끔씩 배가 아프다고도 말합니다. ○○이가 건강하게 공부하면 좋겠습니다. 시간이 부족하더라도 건강을 위해서 규칙적인 식사와 충분한 휴식을 할 수 있도록 마음의 평안함을 주옵소서. 스트레칭이나 가벼운 운동도 하면서 머리를 식힐 수 있도록 하옵소서. 매일 우리의 삶에서 손을 잡아주시길 원하오며, 예수님의 이름으로 기도합니다. 아멘.

믿음의 가문이 되게 하소서

"또 너희가 요단을 건너가서 차지할 땅에 거주할 동안에 이 말씀을 알지 못하는 그들의 자녀에게 듣고 네 하나님 여호와 경외하기를 배우게 할지니라" (신 31:13)

새로운 날을 주신 하나님, 영광을 받으옵소서. 하나님께서 생명을 허락하셔서 기쁘고 즐거운 하루를 시작합니다. 오늘도 저와 ○○이의 삶에 하나님의 사랑이 풍성한 하루가 되길 원합니다.

하나님의 사람들에게 지혜를 주시고, 이 세상을 슬기롭고 지혜롭게 살아가게 하신 하나님, ○○이에게도 그들에게 주셨던 지혜를 허락하옵소서. 이제 곧 2학기 중간고사를 봅니다. 수능시험을 준비해야 하고, 또 중간고사 준비도 해야 합니다. 이번 시험은 고등학교 마지막 중간고사입니다. 잘 준비해서 마무리를 잘 할 수 있도록 하옵소서.

외할머니 로이스와 어머니 유니게의 믿음을 이어받은 디모데는 하나님을 믿고 섬기는 데에 힘을 다했습니다. 믿음의 본을 보인 어른이 있었기 때문에 디모데의 믿음이 굳건했습니다. 스승이었던 바울에게 디모데는 친아들과 같은 믿음을 주었습니다. 디모데가 의지가 되었고, 디모데를 통해 일하시는 하나님을 찬양했습니다. 많은 사람들에게 디모데를 칭찬했고, 또 디모데가 더 성실하게 하나님의 복음을 전할 수 있도록 도왔습니다.

하나님, 어느 순간에는 제가 ○○이 때문에 힘을 얻고 의지가 되는 경우가 있습니다. 하나님께서 ○○이와 함께하신다는 것을 느낄 때도 있습니다. 그럴 때마다 얼마나 대견하고 자랑스러운지 모르겠습니다. ○○이가 하나님의 사랑을 듬뿍 받고 자라서 디모데와 같이 많은 사람들에게 칭찬받는 인물이 되면 좋겠습니다. 당연히 하나님께도 칭찬을 받겠지요.

저의 믿음이 ○○이에게 전해지고, ○○이의 믿음이 또 후손에게 이어지길 원합니다. 후대로 이어질 때마다 보다 더 큰 믿음을 가진 하나님의 사람으로 자라면 좋겠습니다. 예수님의 족보에 이름을 남긴 사람들처럼, 우리 가문에 믿음의 족보가 세워지면 좋겠습니다. 그리고 그 족보에 제 이름과 ○○이의 이름이 당당하게 있으면 좋겠습니다. 매일 함께하신 하나님께 감사를 드리며, 예수님의 이름으로 기도합니다. 아멘.

삶의 여유를 갖게 하소서

"내 눈을 돌이켜 허탄한 것을 보지 말게 하시고 주의 길에서 나를
살아나게 하소서" (시 119:37)

나의 구원자가 되신 하나님 아버지, 이제 아침과 저녁으로 날
씨가 쌀쌀해졌습니다. 곳곳에서 단풍이 들기 시작했다는 소식도
들려옵니다. 주변을 둘러보니 삼삼오오 단풍여행을 준비하는 사
람들도 있습니다. 예전 같으면 저도 그 대열에 끼여서 아름다운
가을을 즐기면서 좋은 시간들을 보내고 있었을 것인데, 올해는
그렇게 시간을 보내기가 쉽지 않네요.

가을은 풍성한 계절입니다. 나무마다 많은 열매를 맺습니다.
하지만 어떤 나무에서는 원하는 만큼 열매가 열리지 않는 경우
도 있습니다. 농부들이 한 해 동안 애쓴 것이 나타나는데, 열매
가 많지 않거나 맛이 없으면 1년 농사는 망하는 것입니다. 어느
농부라고 1년 동안 힘을 다하지 않았을까요. 열심히 했지만, 여
러 가지 여건이 맞지 않아서 열매를 맺지 못하는 경우도 있을 것
입니다. 혹은 자연재해 때문에 힘써 가꾼 것이 망가지는 경우도

있을 것입니다. 이런 모든 것들을 잘 견디고 열매를 맺기 때문에 값어치가 있는 것이겠지요.

　○○이가 준비하는 수능도 이와 같다고 생각합니다. 올해만 수능을 준비하는 것이 아니라 중고등학교 6년을 보내면서 매년 열매를 맺어 왔습니다. 올해는 대학에 진학하기 위해 중요한 열매가 필요합니다. 농부가 올해 농사가 망쳤다고 다음 해에 다 포기하지 않는 것처럼 이번 수능시험이 원하는 만큼 열매를 맺지 못하더라도 좌절하지 않게 하옵소서.

　오늘은 토요일입니다. 하나님께서 우리에게 주신 아름다운 세상을 만끽하며 지내는 하루가 되면 좋겠습니다. 오랜만에 ○○이와 하나님께서 주신 이 가을을 즐기며, 잠시 삶의 여유를 보내면 좋겠습니다. ○○이에게 위로가 되고, 힘이 되는 시간을 갖게 하고 싶습니다. 맛있는 음식도 먹고 그 동안 받은 스트레스도 해소하는 시간이 되면 좋겠습니다.

　하나님께서 오늘도 저와 ○○이와 함께하옵소서. 하나님의 사랑과 은혜가 풍성한 하루가 되게 하옵소서. 예수님의 이름으로 기도합니다. 아멘.

화목한 마음으로 예배하게 하소서

"그러므로 예물을 제단에 드리려다가 거기서 네 형제에게 원망들
을 만한 일이 있는 것이 생각나거든 예물을 제단 앞에 두고 먼저
가서 형제와 화목하고 그 후에 와서 예물을 드리라" (마 5:23-24)

오늘도 복된 주일을 허락하신 하나님께 감사를 드립니다. 한
주 동안 하나님의 은혜 가운데 살게 하시고, 하나님께 예배할 수
있는 시간을 주시니 감사를 드립니다. 하나님의 돌보심이 없었
다면, 이번 한 주도 힘들었을 것입니다. 제가 힘들 때마다 하나
님께서 손을 내미시고, 하나님께서 피난처가 되어주셔서 하나님
의 품에서 쉬게 해주셨습니다. 감사합니다.

지난 일주일을 생각하니, 저의 부끄러운 삶이 생각납니다. 하
나님께서 베푸신 은혜들이 참 많았는데, 저는 그 은혜에 보답하
는 삶을 살지 못했습니다. 잘못된 행동들뿐만 아니라 악한 생각
을 많이 했습니다. 어떤 때는 분노를 참지 못해서 화를 내기도
했습니다. 저 때문에 상처를 받았을 사람들도 생각납니다. 하나
님께 저의 잘못된 생각과 행동을 고백합니다. 용서하여 주옵소
서. 깨끗하게 하옵소서.

○○이의 일주일의 삶이 어떠했을지 잘 모르겠습니다. 하지만 짐작할 수 있습니다. ○○이도 저와 비슷하게 하나님께 많은 잘 못을 했을 것입니다. 주님께 나아가 죄를 고백하고 용서함을 받을 수 있도록 하옵소서.

예수님께서 "예물을 제단에 드리려다가 거기서 네 형제에게 원망들을 만한 일이 있는 것이 생각나거든 예물을 제단 앞에 두고 먼저 가서 형제와 화목하고 그 후에 와서 예물을 드리라(마 5:23-24)"고 말씀하신 것처럼 화목한 상태에서 하나님께 나아가서 예배하게 하옵소서.

예배의 자리에만 앉아있게 하지 마옵소서. 머릿속에 온갖 잡다한 것들로 가득하지 않게 하소서. 하나님께 예배하는 시간에 가족과 풀지 않은 감정들이 있는 상태라면 하나님께서 어떤 생각을 하실까요? 하나님께 예배하는 시간은 화목한 마음으로 드리게 하옵소서.

오늘 우리가 드리는 예배를 홀로 영광을 받으옵소서. 예수님의 이름으로 기도합니다. 아멘.

친구가 되어 주소서

> "사람이 친구를 위하여 자기 목숨을 버리면 이보다 더 큰 사랑이 없나니" (요 15:13)

주 여호와 하나님을 찬양합니다. 모든 영광과 존귀를 받으시옵소서. 온 우주만물이 하나님을 향해 영광을 돌리듯 오늘도 저의 마음과 정성을 다하여 하나님을 찬양합니다.

오늘 하루도 저와 함께하시는 하나님! ○○이와도 함께하시기 원합니다. 수능이 점점 가까워지면서 신경이 날카로워졌습니다. 마음에 평안함이 없어서 어떤 말을 하더라도 신경질적으로 반응을 합니다. 마음에 평안함을 주시옵소서.

주님께 간절히 기도할 것은 예수님께서 ○○이와 친구가 되어 주시기 원합니다.

불안과 초조한 마음을 마음껏 터놓고 이야기할 수 있는 친구가 되어주시기 원합니다. 부모와 친구조차에게도 터놓고 이야기할 수 없는 마음 속 깊은 것들을 풀어주길 원합니다. 친한 친구도 함께 수능을 준비하다보니 감정적으로 예민합니다. 그러다보니 외롭고 힘겨울 것입니다. 예수님께서 ○○이의 모든 것들을 알고 계시니, 손을 잡아주시고 위로와 격려를 베풀어 주시옵소서. 마음의 답답함을 풀어 주시옵소서.

학교에서 친구들이 모두 긴장하기 때문에 때론 더 과장된 말과 행동을 할 때가 있습니다. 하지만 마음은 그렇지 않을 것입니다. 겉으로 표현되지 않을 뿐이겠죠. 친한 친구이지만, 경쟁 상대이기 때문에 더 힘이 들 것입니다. ○○이가 예수님께서 십자가에 돌아가실 만큼 ○○이를 사랑하고 계시고, ○○이의 마음을 잘 알고 있다는 것을 깨닫길 원합니다. 그래서 마음 깊은 곳에 있는 모든 것들을 예수님께 내놓고 기도하길 원합니다. 마음속에 뭔가 담아놓고 고민하지 않게 하옵소서. 외롭지 않다는 것을 느끼게 하옵소서.

오늘 하루도 하나님께서 베푸신 사랑과 격려와 위로를 경험하는 하루가 되길 원합니다. 찬양과 영광을 하나님께 드립니다. 예수님의 이름으로 기도합니다. 아멘.

재충전의 시간을 갖게 하소서

"지식 없는 소원은 선하지 못하고 발이 급한 사람은 잘못 가느니라" (잠 19:2)

나의 소망이시며 반석이신 하나님께 존귀와 영광을 드립니다. 저의 모든 것들을 하나님께 드리니 받아 주시옵소서. 하나님을 향한 마음이 변치 않게 하옵소서. 일심으로 하나님을 섬기며 예배하게 하옵소서. 매일의 삶속에서 하나님께 경배하게 하옵소서.

하나님, 연휴가 시작됩니다. 주변에서 연휴를 보낸다고 떠들썩합니다. 해외여행을 가는 사람들, 국내여행을 가는 사람들로 얼굴에 기대와 부푼 꿈을 꾸고 있습니다. ○○이가 이런 분위기를 보면서 얼마나 힘들지 잘 압니다. 모두 연휴를 즐기려고 있는데, 자신의 상황은 그렇지 못하기 때문에 속상할 것입니다.

연휴동안 모든 사람들이 즐길 수 있는 시간이겠지만, 그 시간에 다른 사람의 즐거움을 위해 일하는 사람들도 있습니다. 그 사람들도 연휴를 즐겁게 보내고 싶은 마음이 있을 것입니다. 하지만 각자의 자리에서 해야 할 일들이 있기 때문에 연휴를 즐기지 못하는 것이겠지요.

지금 ○○이도 이와 비슷한 상황이라고 생각합니다. 충분히 연휴를 즐길 수 있겠지만, 지금 ○○이의 자리에서 해야 할 일이 있기 때문에 잠시 연휴의 즐거움은 접고 공부에 전념할 수 있도록 하옵소서. 연휴기간에 학교에 가지 않으니, 지금까지 공부한 것들을 점검하고 남은 시간을 어떻게 보낼 것인가 계획도 세우는 시간이 되게 하옵소서. 부족했던 잠도 충분히 자고, 새로운 마음으로 공부할 수 있도록 하옵소서.

○○이가 수능시험을 준비하면서 저 역시 수험생이 된 것처럼 조바심이 나고 긴장하게 됩니다. 저 역시 이번 연휴 때 몸과 마음을 쉬면서 재충전 할 수 있기를 원합니다. 제가 먼저 힘을 내서 ○○이를 위해 기도하고 격려하게 하옵소서.

오늘도 저와 ○○이와 함께하시고, 하나님의 사랑과 은혜 안에 거하게 하옵소서. 예수님의 이름으로 기도합니다. 아멘.

우리의 죄과를 용서 하소서

"하나님이여 주의 인자를 따라 내게 은혜를 베푸시며 주의 많은 긍휼을 따라 내 죄악을 지워 주소서" (시 51:1)

온 만물을 창조하신 하나님을 찬양합니다. 아침이면 어김없이 동쪽에서 태양이 떠오르고, 싱그럽고 활기찬 새로운 날이 찾아옵니다. 세계 곳곳에서 아침을 맞이하는 시간은 다르지만, 새로운 날이 찾아오는 그 순간의 감정들은 비슷할 것입니다. 이런 모든 것들이 다 하나님의 위대하심입니다. 영광과 존귀를 받으시고, 온 백성에게 하나님의 은혜가 충만한 하루가 되게 하옵소서.

매일 하나님만 의지하며 지낼 수 있기를 원하지만, 저의 삶에서 하나님의 존재를 망각하며 지내는 시간이 참 많습니다. 입술로는 거룩한 주님의 자녀라고 고백하지만, 삶에서는 거룩함이라고는 찾아볼 수 없을 때도 많습니다. 하지만 주님, 이 시간 간절한 마음으로 고백합니다. 비록 나의 삶에서 헛된 욕망과 거짓과 위선으로 보낸 시간이 많더라도 주님의 보혈의 피로 깨끗하게 씻겨 주시옵소서. 거룩한 삶을 살겠습니다.

○○이의 삶도 하나님께서 보고 계시니, 어떤 삶을 사는지 잘 알고 계실 것입니다. 제가 부모이지만, ○○이가 어떤 삶을 살고 있는지 자세히 알지 못합니다. 보이지 않는 곳에서 어떤 생각과 마음으로 행동하는지 모릅니다. 하지만 하나님께서는 모든 것을 알고 계십니다.

하나님, ○○이가 보낸 악한 시간들이 있다면 하나님께서 저를 깨끗하게 씻겨주셨던 것처럼 ○○의 죄과도 말끔하게 씻겨 주시옵소서. 예수 그리스도의 보혈의 피로 못 씻을 죄가 없습니다. ○○이가 예수 그리스도로 말미암아 거룩한 삶을 살아가길 원합니다. 특별히 수능시험을 준비하고 있는 ○○이 안에 욕심과 야망과 시기와 질투 등 하나님께서 싫어하시는 온갖 악한 것이 있을 수 있습니다. ○○이가 자신의 내면을 돌아보게 하시고, 자신에게 있는 악한 것들을 모두 주님께 내어놓기를 원합니다.

오늘 하루 저와 ○○이가 악한 생각과 행동으로 보내는 시간이 없게 하옵소서. 예수님의 이름으로 기도합니다. 아멘.

추석을 감사하는 마음으로 보내게 하소서

"여호와께서 그 오른손, 그 능력의 팔로 맹세하시되 내가 다시는
네 곡식을 네 원수들에게 양식으로 주지 아니하겠고 네가 수고하
여 얻은 포도주를 이방인이 마시지 못하게 할 것인즉 오직 추수한
자가 그것을 먹고 나 여호와를 찬송할 것이요 거둔 자가 그것을
나의 성소 뜰에서 마시리라 하셨느니라 성문으로 나아가라 나아
가라 백성이 올 길을 닦으라 큰 길을 수축하고 수축하라 돌을 제
하라 만민을 위하여 기치를 들라" (사 62:8-10)

풍성함으로 우리의 삶을 윤택하게 하신 하나님께 감사를 드립
니다. 오늘은 우리나라 고유의 명절인 추석입니다. 올해 농사를
수확하고 넉넉한 마음으로 즐기는 날입니다. 이런 날을 주신 하
나님께 영광과 감사를 드립니다.

온 가족이 모여 하나님께서 올해 베풀어 주신 은혜를 감사하
며 예배하길 원합니다. 과거에는 먹고 자는 문제가 심각할 만큼
힘들었지만, 지금 우리에게 풍성한 먹거리와 함께 편하게 머리
를 맡길 수 있는 공간을 허락하시니 감사합니다. 불과 수십 년
전만 하더라도 우리나라는 빈민국이었습니다. 다른 나라로부터
도움을 받지 않으면 살 수 없을 정도로 가난했습니다. 하지만 하

나님의 은혜로 이제는 다른 나라를 도와줄 수 있을 정도로 부유한 나라가 되었습니다. 그럼에도 불구하고 우리나라 곳곳에 먹을 것이 없어서 힘들어 하는 지체들이 많이 있습니다. 그들에게 많은 나눔과 기도가 필요합니다.

지금 ○○이가 비록 수능시험을 준비하고 있지만, 추석을 맞이하여 하나님께서 ○○이에게 베푸신 은혜와 감사거리를 생각하며 감사의 기도를 드렸으면 좋겠습니다. 하나님의 은혜가 아니었다면, 지금까지 ○○이가 이렇게 생활할 수 없었을 것입니다. 하나님께서 돌보시고, 인도하셨기 때문입니다. 또한 ○○이가 학업에 전념할 수 있도록 하신 것도 하나님의 은혜입니다. 모든 인류의 역사를 주관하시는 것처럼, ○○이의 삶도 하나님께서 주관하옵소서. 하나님의 은혜에 감사하는 저와 ○○이가 되게 하옵소서.

즐거운 명절, 평안하고 기쁜 마음으로 보내게 하옵소서. 예수님의 이름으로 기도합니다. 아멘.

형통한 삶을 누리게 하소서

"의인이 형통하면 성읍이 즐거워하고 악인이 패망하면 기뻐 외치
느니라" (잠 11:10)

우리의 역사를 주관하시는 하나님!

오늘도 우리의 찬양을 받으시옵소서. 하나님의 이름을 높여드
리고, 영광도 함께 올려 드립니다.

하나님, 사람들은 형통이라는 말을 좋아합니다. 형통은 모든
일이 술술 풀리는 것입니다. 막혀있던 문제들이, 꼬여있는 문제
들이 술술 풀린다면 얼마나 좋을까요? 제게도 막혀있는 문제,
꼬여있는 문제들이 있습니다. 이 모든 것들이 잘 풀리면 좋겠습
니다.

그런데 정말 형통한 삶이란 무엇일까요? 성경을 읽다보면, 하
나님의 사람에게 어처구니없는 일들이 일어나는 것을 봅니다.
요셉은 형들의 시기와 질투 때문에 죽을 위기에 처했습니다. 가
족이라고 죽일 수 없다고 노예로 팔아버렸습니다. 형들에게 배

신을 당한 것입니다. 가족에서 배신을 당한 기분을 어떻게 표현할 수 있을지 모르겠습니다.

아버지에게 사랑을 받던 요셉은 졸지에 노예가 되었습니다. 그런데 요셉은 형통한 삶을 살았다고 합니다. 그 이유를 보니, 하나님께서 함께하셨기 때문이라고 합니다. 인간적인 생각으로는 요셉은 형들에게 배신을 당한 것인데, 하나님의 시각으로는 형통한 삶이라고 합니다. 왜냐하면 그럼에도 하나님과 동행했기 때문입니다. 그 이후에도 모함을 받아 삶이 더 추락하지만, 요셉의 삶은 형통했습니다. 계속 하나님과 동행했기 때문입니다.

하나님과 동행한다면, 세상의 눈으로 바라볼 때 실패한 것 같지만 형통한 삶을 살고 있다는 사실을 알았습니다. 저와 ○○이의 삶을 세상의 눈이 아니라 하나님의 눈으로 바라보게 하옵소서. 하나님과 동행함으로 항상 형통한 삶을 누리며 살아갈 수 있기를 원합니다. 지금 저와 ○○이의 상황이 힘들고 어렵더라도 하나님께서 함께하신다면 우리의 삶은 형통한 삶입니다. 오늘도 저와 ○○이의 삶에서 동행하시는 하나님께 감사를 드리며, 예수님의 이름으로 기도합니다. 아멘.

D-40일 토

단호하게 끊을 수 있는 힘을 주소서

"여호와께서 사무엘에게 이르시되 그의 용모와 키를 보지 말
라 내가 이미 그를 버렸노라 내가 보는 것은 사람과 같지 아니하
니 사람은 외모를 보거니와 나 여호와는 중심을 보느니라 하시더
라"(삼상 16:7)

위로의 하나님께 감사를 드립니다. 하나님께서 저의 심신 상
태를 가장 잘 아시기에 제 마음이 편안합니다. 하나님, 이번 주
간은 힘겨웠습니다. 휴식이 필요했습니다. 저의 방패와 피난처
가 되신 하나님, 오늘 하나님의 품 안에 거하길 원합니다. 그곳
에서 평온한 시간을 보냈으면 좋겠습니다. 몸도 마음도 편안히
쉴 수 있는 시간을 가질 수 있도록 하옵소서.

오늘 하나님의 말씀을 읽고 깊은 깨달음을 주시니 감사합니
다. 하나님의 말씀에 집중하면, 제가 어떻게 살아가야 하는지
그 길이 보입니다. 이 깨달음이 제 삶에서 지속되어야 하는데,
너무 쉽게 잊어버립니다. 하나님, 말씀에 의지하여 살아가게 하
옵소서.

제 스스로 힘들고 어려운 상황들을 만드는 이유는 지나친 저의 욕심 때문입니다. 제가 알고 있지만, 그 끈을 놓기가 쉽지 않습니다. 자꾸 미련이 남습니다. 미련의 끈을 잡고 있으니 삶이 피곤해질 수밖에 없습니다.

다른 사람들의 시선이 중요한 세상에 살고 있습니다. 많은 사람들이 겉모양이 화려하고 뭔가 있어 보이는 것이 내면을 가꾸는 것보다 더 중요하다고 생각합니다. 기성세대보다 젊은 세대가 더 그렇습니다. 중고등학생들은 다른 어떤 세대보다 외적인 면을 가꾸는 것을 중요하게 생각합니다. 그러다보니, ○○이 역시 내면보다는 외적인 면에 신경을 쓰는 것 같습니다.

○○이가 외적인 면보다 내면에 집중하면 좋겠습니다. 세상의 유혹들을 단호하게 거절할 수 있었으면 좋겠습니다. 세상의 복잡한 문제 때문에 힘겨워하지 않았으면 좋겠습니다. 하나님께서 ○○이의 마음을 붙잡아 주셔서 하나님의 말씀을 따라가는 삶을 살 수 있도록 하옵소서.

언제나 저와 ○○이와 함께하시는 하나님께 감사를 드리며, 예수님의 이름으로 기도합니다. 아멘.

진실함으로 예배하길 원합니다

"시와 찬송과 신령한 노래들로 서로 화답하며 너희의 마음으로
주께 노래하며 찬송하며" (엡 5:19)

하나님께 찬양과 경배를 드립니다. 주님의 날에 하나님께 나
아가 예배합니다. 오늘 우리가 드리는 예배를 받아 주시고, 홀
로 영광을 받으옵소서. 하나님께 드리는 영광을 중간에 제가 가
로채지 않게 하시고, 제 몸과 마음과 뜻과 정성을 다하여 하나님
께 예배하게 하옵소서.

한 주간 저의 삶에서 일어난 크고 작은 죄들을 주님 앞에 고백
합니다. 용서하여 주시옵소서. 제가 비록 기억하지 못하는 죄들
도 하나님께서는 다 아시니, 그 죄 또한 주님께 용서를 구합니
다. 용서하여 주시옵소서.

주일마다 혹은 하나님께 기도할 때마다 죄를 고백하고 용서를
구하는 행위가 습관적이지 않기를 원합니다. 아무런 생각 없이
주문을 외우듯이 주절주절 아뢰는 기도가 되지 않게 하옵소서.

저의 삶을 되돌아보고 저의 잘못된 것들을 뉘우치며 하나님께 무릎을 꿇고 진실함으로 고백하길 원합니다. 제가 범한 죄는 마땅히 죄의 대가를 받아야 하지만, 예수 그리스도의 보혈의 피로 대속해 주셨다는 그 은혜에 감사를 드리게 하옵소서.

주일이 되면, 의례 교회에 가는 것으로 알고 습관처럼 교회에 가지 않게 하옵소서. 예배당에 앉아서 예배하며, 찬송하고 기도함에도 진실함이 없는 습관이 되지 않게 하옵소서. 주님을 사모하는 마음으로, 경배하는 마음으로, 감사하는 마음으로 하나님께 영광과 존귀와 찬양을 드리게 하옵소서.

○○이의 삶에서도 진실함이 묻어나는 예배와 기도가 있기를 원합니다. 반복되는 것에 참된 의미를 잊지 않게 하옵소서. 그렇기 위해서 주일마다 교회를 찾을 때, 하나님을 사모하는 마음을 갖게 하옵소서. 하나님을 향한 간절한 마음으로 기도하게 하옵소서.

오늘 주일예배도 하나님께는 영광이 되고, 우리에게는 은혜의 시간이 되길 원하며, 예수님의 이름으로 기도합니다. 아멘.

논술시험을 잘 준비하게 하소서

"너는 하나님과 화목하고 평안하라 그리하면 복이 네게 임하리
라"(욥 22:21)

연약한 저를 통해 하나님의 귀한 사역들을 이루어 가시는 하
나님께 감사를 드립니다. 하나님의 능력이 제게 임하여 제가 할
수 없는 일들도 해결할 수 있었습니다. 지금까지 저의 삶 속에서
하나님의 도우심이 없었다면, 결코 할 수 없었던 일들이 많습니
다. 내게 능력주시는 자 안에서 내가 모든 것을 할 수 있다는 바
울의 고백이 바로 저의 고백입니다.

하나님, 이제 곧 논술시험이 있습니다. 논술시험을 보는 곳이
점점 줄고 있지만, 논술시험을 보는 학교가 있습니다. ○○이가
어떤 문제가 나올지 모르지만, 여러 가지 예상 문제를 뽑아놓고
답안지를 작성해보고 있습니다. 논술시험이 생소하기 때문에 어
떻게 해야 할지 모릅니다. 지금까지 객관식과 서술형 문제들을
풀어보았지만, 1000자 내외의 분량에 맞춰서 문제의 논지에 맞
게 쓰는 것은 처음입니다. 그렇기 때문에 불안한 마음일 것입니

다. 또 대학 진학과 관련된 시험이기 때문에 마음이 답답할 것입니다. 이 답답한 마음을 그 누가 알까요? 겪어본 사람이라면 다 알겠지만, 주변에 어떤 말도 위로가 되지 않을 것입니다.

하지만 하나님께서는 그 누구보다 ○○이의 마음을 아시지 않습니까? ○○이를 만드시는 분이 바로 하나님이시지 않습니까? 하나님께서 ○○이의 답답한 마음을 어루만져 주시길 원합니다. 제가 육신의 부모이지만, 저 역시 나약한 존재입니다. 저 역시 ○○이와 같이 답답한 마음입니다. 하나님께서 저와 ○○이의 마음에 평안함을 주옵소서.

논술시험을 볼 때 평안한 마음으로 문제의 핵심을 파악하고, ○○이가 알고 있는 지혜를 활용해서 작성할 수 있도록 도와 주옵소서. 시간 내에 분량을 맞추는 연습도 충분히 해서 시험을 보는 당일에 허둥거리거나 초조하지 않게 하옵소서. 많은 연습을 할수록 실전에서 실수 없이 할 수 있을 것입니다.

오늘도 저와 ○○이를 지켜주시고, 우리의 마음에 평안을 주시는 하나님께 감사를 드리며, 예수님의 이름으로 기도합니다. 아멘.

D-37일 화

하나님을 잊지 않게 하소서

"너희 믿음이 사람의 지혜에 있지 아니하고 다만 하나님의 능력
에 있게 하려 하였노라" (고전 2:5)

하나님의 은혜와 사랑에 감사를 드립니다. 사망 권세를 이기
시고 부활하신 주님을 찬양합니다. 사탄이 아무리 막강한 힘이
있다고 하더라도 하나님 앞에서 무릎을 꿇을 수밖에 없습니다.
하나님께서는 모든 것의 주인이 되신 분이시기 때문입니다. 어
떤 술수를 쓰더라도 하나님을 이길 수 없습니다. 하나님께서는
모든 것을 아시기 때문입니다. 영원부터 영원까지 계시며, 온
우주만물을 주관하신 하나님을 찬양합니다.

오늘의 시간들을 주님의 손길에 맡깁니다. 주님과 함께하는
하루가 되길 원합니다. 급한 일들이 생기고, 업무와 가사 일들
에 집중하다 보면 내 마음 중심에 하나님이 아닌 내 자신이 앉아
있는 것을 보게 됩니다. 어떤 날은 거만한 모습으로, 어떤 날은
매우 지친 모습으로 앉아 있습니다. 내 주변을 아무리 둘러보아
도 하나님은 계시지 않았습니다. 그러다 기도하는 이 시간에 '맞

다. 하나님께서 계시지'라는 생각을 하게 됩니다.

○○이를 위해 기도한다고 하면서 이 시간마저 습관적인 반복이 되는 것 같아서 마음이 아픕니다. 수능시험을 잘 보게 해달라고 맹목적이고 기복적인 마음으로 기도하지 않게 하옵소서. 제가 수능시험을 준비하는 ○○이를 위해 100일 기도를 시작할 때 가졌던 마음을 잊지 않게 하옵소서. 물질만능주의에 빠져 그저 좋은 점수만 나오길 바라는 마음에 빠지지 않게 하옵소서. 수능시험 준비를 하면서 하나님께서 ○○이에게 주신 뜻과 길을 발견하고, 하나님의 비전을 향해 나아가길 원합니다. 또한 이 과정을 통해 하나님과 더욱 친밀한 관계가 될 수 있도록 하옵소서. 제 자신이 먼저 하나님과 친밀한 삶을 살게 하옵소서. 제가 먼저 기도하는 이 시간을 귀하고 소중한 시간으로 여기게 하옵소서.

하나님의 위대하신 능력을 잘 알고 있습니다. 그리고 지금 이 시간에도 하나님의 능력은 세계 곳곳에 임한다는 것도 알고 있습니다. 하나님의 능력이 오늘 저와 ○○이에게도 임하길 원합니다. 제게 굳건한 믿음을 주시옵소서. 예수님의 이름으로 기도합니다. 아멘.

D-36일 수

칭찬과 격려가 필요합니다

> "이러므로 우리에게 구름 같이 둘러싼 허다한 증인들이 있으니 모든 무거운 것과 얽매이기 쉬운 죄를 벗어 버리고 인내로써 우리 앞에 당한 경주를 하며 믿음의 주요 또 온전하게 하시는 이인 예수를 바라보자 그는 그 앞에 있는 기쁨을 위하여 십자가를 참으사 부끄러움을 개의치 아니하시더니 하나님 보좌 우편에 앉으셨느니라"(히 12:1-2)

내 손을 주께 높이 듭니다. 내 마음을 주께 높이 드립니다. 왕의 왕 되신 주님께 찬양을 드립니다. 주님을 사랑하는 나의 몸과 마음을 받으옵소서. 주님께 드리는 영광과 존귀를 받으옵소서. 나의 모든 것 되신 주님, 오늘의 일상을 주관하시고 하나님의 선하신 뜻대로 인도하옵소서.

이스라엘 백성들이 하나님의 말씀대로 살아갈 때, 하나님께서 베푸신 복을 누렸습니다. 반대로 이스라엘 백성들이 하나님의 말씀을 등지고 자신들의 생각대로 살 때, 혹은 우상을 숭배할 때, 하나님께서 내리신 심판을 받았습니다. 참 간단한 이치인데, 우리의 삶에서 하나님의 말씀대로 살아가기가 어렵습니다.

하나님의 말씀에 순종하는 삶을 살아갈 수 있도록 도와 주시옵소서.

○○이가 심적으로 힘들어 합니다. 2학기 중간고사도 있고, 수능시험도 점점 가까워지면서 신경이 많이 쓰이는 것 같습니다. 어느덧 시간이 흘러 수능이 정말 코앞으로 다가왔습니다. 달력을 한 장만 넘기면 11월, 수능시험이 있는 달입니다. 이런 압박감이 얼마나 클까요? ○○이가 스스로 이 시간을 잘 견디고 헤쳐 나갈 수 있도록 하나님께서 도와 주시옵소서.

○○이가 내신을 위한 공부, 수능시험을 위한 공부, 논술, 자기소개서 등 다양한 것들을 준비해야 합니다. ○○이가 이렇게 복잡한 상황들을 지금까지 견디고 열심히 노력한 것에 칭찬과 격려를 해주고 싶습니다. 하지만 저의 위로와 격려가 ○○이에게 얼마나 힘이 될까요? 시험이 끝나야 수능시험으로부터 받은 스트레스가 해소되겠지요.

하나님, ○○이가 남은 시간 동안 아프지 않고, 잘 견디게 하옵소서. 예수님의 이름으로 기도합니다. 아멘.

하나님의 법칙

"부하려 하는 자들은 시험과 올무와 여러 가지 어리석고 해로운 욕심에 떨어지나니 곧 사람으로 파멸과 멸망에 빠지게 하는 것이라" (딤전 6:9)

오늘도 좋은 날을 주신 하나님께 감사와 영광을 드립니다. 우리의 모든 것을 담아 하나님께 드립니다. 기쁘게 받아 주옵소서. 하나님의 영광이 우리 가운데 거하는 오늘이 되길 소망합니다.

하나님께서 만드신 이 세상을 바라보면, 그저 놀랍고 신기할 따름입니다. 가끔씩 세계 각국의 아름다운 풍경들을 보여주는 TV를 보면서 하나님을 생각합니다. 하나님의 창조품은 이렇게 아름다운데, 인간의 욕심으로 자연을 훼손하여 지구가 몸살을 앓게 한다는 생각도 합니다. 결국 인간이 뿌린 자연훼손이 그대로 인간을 위협하는 자연의 반격으로 온다는 것도 요즘 새삼 느낍니다.

시간이 흐를수록 예측할 수 없는 기상이변과 자연재해가 곳곳에서 일어나고 있습니다. 우리나라도 지진이 점점 많아지고, 쾌진도가 높은 지진도 일어났습니다. 봄과 가을은 짧아지고, 무더운 여름과 추운 겨울이 길어졌습니다. 중국에서 내려오는 황사와 미세먼지는 호흡하는 것조차 힘들 정도가 됐습니다. 이 모든 것들이 자연을 거스르고 인간의 욕심을 채우기 위한 행동으로 인한 결과입니다.

자연도 이러한데, 사람은 얼마나 더 할까요? 하나님께서 손수 흙으로 만드시고, 그 코에 생기를 불어넣어 사람을 창조했습니다. 다른 어떤 피조물보다 더 귀한 존재로 만드셨습니다. 피조물을 보호하고 관리하는 역할도 주셨습니다. 그러니, 사람은 자연보다 더 하나님의 법칙에 따른 삶을 살도록 만드셨을 것입니다.

그런데 하나님의 창조의 법칙을 따르지 않고 자신의 욕심만 채우며 하나님을 떠납니다. 하나님께서 사람들에게 심판을 내리실 수밖에 없을 것입니다. 징계가 아닌 회복을 위해서 말입니다. 하나님, 저와 ○○이는 하나님의 법칙에 합당한 삶을 살겠습니다. 하나님의 말씀에 순종하는 삶을 살 수 있도록 도와 주세요. 예수님의 이름으로 기도합니다. 아멘.

마음의 쉼을 얻는 하루가 되게 하소서

"수고하고 무거운 짐 진 자들아 다 내게로 오라 내가 너희를 쉬게
하리라 나는 마음이 온유하고 겸손하니 나의 멍에를 메고 내게 배
우라 그리하면 너희 마음이 쉼을 얻으리니 이는 내 멍에는 쉽고
내 짐은 가벼움이라 하시니라"(마 11:28-30).

새날을 허락하신 하나님께 찬양과 영광을 드립니다. 오늘도
하나님께서 베푸신 사랑과 은혜가 가득한 하루가 되길 원합니
다. 우리가 가는 곳마다 그리스도의 향기가 날리고, 많은 사람
들이 하나님의 사랑으로 행복한 날을 맞이할 수 있기를 원합니
다.

10월 중순입니다. 언제 이렇게 시간이 흘렀는지 모르겠습니
다. 오지 않을 것 같은 날이 점점 다가옵니다. 그 시간이 다가올
수록 답답해지는 마음은 어쩔 수 없나 봅니다. 저뿐이겠습니까?
모든 수험생들과 그 부모들이 다 같은 심정이겠지요.

그래도 높고 푸른 가을 하늘을 보고 있으면, 답답했던 마음이
뚫리는 것 같습니다. 아무 것도 방해받지 않고 끝없이 뻗어있는

하늘에 몸을 싣고 날아가고 싶습니다. 자유롭게 하늘을 날아다니는 생각만으로도 마음이 편안해집니다.

예수님의 말씀처럼 나의 모든 짐을 예수님께 내려놓고, 쉬고 싶습니다. 마음에 쉼을 얻고 싶습니다. 아무런 고민도 하지 않고 쉬면 좋겠습니다.

○○이도 간절히 원하겠지요. ○○이에게 정말 견디기 힘든 짐이 있겠지요. 누구도 대신 짊어질 수 없는 짐을 짊어지고 가고 있겠지요. 하지만 주님이시라면 ○○이의 짐을 내려놓게 하시고, 마음의 쉼을 주실 수 있을 것이라고 믿습니다. ○○이가 주님께 나아가 무거운 짐을 다 내려놓고 쉼을 얻었으면 좋겠습니다.

예수님의 품 안에서 편히 쉴 수 있는 하루가 되길 원하며, 예수님의 이름으로 기도합니다. 아멘.

하나님께 더욱 나아가길 원합니다

"여호와는 나의 반석이시요 나의 요새시요 나를 건지시는 이시요
나의 하나님이시요 내가 그 안에 피할 나의 바위시요 나의 방패시
요 나의 구원의 뿔이시요 나의 산성이시로다" (시 18:2)

주님의 거룩하심을 찬양합니다. 전심으로 주님의 이름을 높이
올려 드리며 찬양합니다. 위대하신 하나님을 온 우주만물이 찬
양합니다. 주님의 영광이 온 세상에 가득하고 주님을 찬양하는
소리는 세계 곳곳에 울립니다. 모든 나라와 민족이 주님의 영광
앞에 엎드려 경배합니다.

오직 예수 그리스도의 피로만 우리의 죄를 용서받을 수 있습
니다. 다른 어떤 것으로 속죄함을 받을 수 없습니다. 다른 길은
없습니다. 세상에 하나님께 나아가는 길이 많다고 합니다. 너도
옳고 나도 옳다고 합니다. 각자 생각하는 것을 인정하자고 합니
다. 틀린 것이 없고 모두 옳다는 생각입니다. 그들이 주장하는
말을 듣다보면 어느 순간 머리를 끄덕이며 동의하게 됩니다. 각
자의 상황이 다르기 때문에 그럴 수 있다는 것입니다. 하지만 우

리 죄를 해결할 수 있는 길은 한 가지 길밖에 없습니다. 수능시험에서 답이 하나만 있는 것처럼 말입니다. 이것도 맞고 저것도 맞는 것은 없습니다.

한 달 정도 남은 수능시험에 대한 걱정과 근심 때문에 여러 가지 길들을 찾아봅니다. 어떻게 하면 단기간 내에 점수를 올릴 수 있을지 이곳저곳 기웃거립니다. 사교육에서는 단기간 족집게 강의를 한다고 합니다. 지금 이런 모습들을 보면서 그렇게 한다고 걱정과 근심을 줄일 수 있을까 생각합니다. 모의고사 성적이 전국 1등이라고 하더라도 걱정과 근심의 무게는 클 것입니다. 어쩌면, 다른 누구보다 더 클 수도 있을 것입니다.

우리의 걱정과 근심을 덜어내고, 평온할 수 있는 곳은 오직 하나님밖에 없습니다. 하나님은 우리의 바위이시고, 피난처이시며, 반석이시기 때문입니다. 우리의 대적으로부터 보호하시고 돌보시고 물리쳐주시기 때문입니다.

수능시험이 다가올수록 저와 ○○이가 하나님께 더욱 나아가길 원합니다. 예수님의 이름으로 기도합니다. 아멘.

기도에 힘쓰는 교회가 되게 하소서

"너는 이방 나그네를 압제하지 말며 그들을 학대하지 말라 너희
도 애굽 땅에서 나그네였음이라 너는 과부나 고아를 해롭게 하지
말라 네가 만일 그들을 해롭게 하므로 그들이 내게 부르짖으면 내
가 반드시 그 부르짖음을 들으리라" (출 22:21-23)

하늘 영광 버리시고 이 땅에 내려오셔서 십자가를 지신 예수 그리스도의 사랑에 감사를 드립니다. 그 사랑이 없었다면, 우리의 삶은 어떻게 됐을까요? 우리의 죄를 사하시고, 구원의 기쁨을 주심에 주의 이름을 높이 올려 드립니다. 우리를 죄에서 구하러 오신 주님을 찬양합니다. 위대하신 주님을 향해 온 땅이 찬양합니다.

하나님, 거룩한 주일을 맞이하여 저와 ○○이에게 주님의 영광을 바라보는 눈을 가지게 하옵소서. 주님을 크게 보는 믿음 가지고 세상을 향해 외치게 하옵소서. 놀라운 주의 사랑을 전하게 하옵소서. 주님께 주신 꿈을 품고 일어나 담대하게 외치게 하옵소서. 주님의 선하신 능력이 저와 ○○이에게 임하게 하옵소서.

우리 ○○교회를 사랑하시는 하나님, 우리 교회를 세우시고 하나님의 사역들을 감당하게 하시니 감사를 드립니다. 교회를 통하여 지역에 많은 사람들이 하나님을 알게 되길 원합니다. 더 많은 성도들이 하나님을 찬양하고 예배하길 원합니다. 우리 교회에서 하고 있는 여러 가지 사역들이 있습니다. 그 사역들마다 하나님께서 함께하시고, 정말 하나님께서 원하시는 방향으로 흘러가게 하옵소서. 교회의 사역들이 때로는 하나님과는 전혀 관계없이 인간의 욕심으로 하는 경우도 있습니다. 하나님의 일을 한다고 하는데, 정작 하나님께서는 그 가운데 계시지 않다면, 참 아이러니한 상황이 아닐 수 없습니다. 하나님의 사역들을 할 때 더 기도하는 우리 교회가 되게 하옵소서.

오늘 드리는 예배마다 하나님께 영광이 되는 예배가 되게 하옵소서. 저와 ○○이가 몸과 마음을 다해 진심으로 예배하게 하옵소서. 예배를 통해 하나님의 말씀을 들을 때, 영혼의 울림이 있게 하옵소서. 말씀이 내 삶에 적용하게 하옵소서. 말씀을 통해 저와 ○○이의 삶이 변하게 하옵소서. 하나님의 백성으로, 하나님의 자녀로 살아가기에 부족함이 없는 삶을 살게 하옵소서. 예수님의 이름으로 기도합니다. 아멘.

선한 목자가 되어 주소서

> "나는 선한 목자라 선한 목자는 양들을 위하여 목숨을 버리거니
> 와 삯꾼은 목자가 아니요 양도 제 양이 아니라 이리가 오는 것을
> 보면 양을 버리고 달아나나니 이리가 양을 물어 가고 또 헤치느니
> 라" (요 10:11-12)

저의 참 목자가 되신 하나님께 감사를 드립니다. 제가 나아가
야 할 길을 알려주시고, 그 길을 잘 갈 수 있도록 인도하시니 감
사합니다. 가끔 길을 잘못 들어서 사망의 음침한 골짜기를 가더
라도 해를 두려워하지 않습니다. 왜냐하면 목자이신 하나님께서
함께하시기 때문입니다. 하나님의 돌보심으로 제 삶에 안위가
찾아오게 됩니다. 감사합니다.

저의 목자가 되신 것처럼 ○○이에게도 참 목자가 되길 기도
합니다. 어디를 가든 하나님께서 함께하여 주옵소서. 예수님께
서 선한 목자는 자기 양을 위해 목숨을 버릴 수 있다고 말씀하셨
던 것처럼 예수 그리스도의 돌봄 속에 ○○이가 지낼 수 있도록
해주옵소서. 하나님께서 돌보심 속에 ○○이의 삶이 평탄하길
기도합니다.

예수님께서 갈릴리 가나의 혼인잔치에서 물을 포도주로 바꾸셨던 기적을 잘 알고 있습니다. 그때 예수님의 말씀에 순종했던 하인들의 모습을 돌아봅니다. 포도주를 찾는 사람들에게 뜬금없이 정결의식에 사용하는 항아리에 물을 채우라는 말씀은 그야말로 황당한 일이었습니다. "포도주가 급한 데, 물을 채우라니" 이런 불평과 함께 대충 물을 채우고 "포도주는 어떻게 할까요?" 하고 물을 수 있었습니다. 그럼에도 불구하고 하인들은 항아리의 아귀까지 물을 채웠습니다. 예수님께서 어떤 일을 하실지 모르지만, 예수님께서 어떤 기적을 일으키실 것을 믿었던 것입니다. 그 믿음은 그대로 이루어졌습니다. 물이 포도주로 변했습니다. 맛좋은 포도주로 변했습니다. 이 기적을 목격한 사람은 하인들이었습니다.

○○이가 아귀까지 채운 하인들의 믿음을 본받기를 원합니다. 비록 예수님께서 하시는 말씀이 어떻게 이루어질지 모르지만, 하나님의 기적이 일어날 것이라는 믿음을 가지길 원합니다. 예수님의 말씀에 순종하는 ○○이가 되길 원합니다. 지금은 수능시험을 준비해야 하는데, 하나님의 말씀에 순종하는 것은 잠시 미뤄두겠다는 마음을 갖지 않게 하옵소서. 비록 수능시험이 중요하지만, 그 무엇보다 우선순위를 두어야 하는 것은 하나님의 말씀이라는 것을 기억하게 하옵소서. 예수님의 이름으로 기도합니다. 아멘.

D-30일 화

옳은 길을 가게 하소서

"마귀의 간계를 능히 대적하기 위하여 하나님의 전신 갑주를 입으라"(엡 6:11)

전지전능하시고 위대하신 하나님을 찬양합니다. 우리의 몸과 마음을 다하여 하나님께 경배를 드립니다. 영광과 존귀를 받으옵소서. 우리가 악한 것에 빠지지 않게 살피시고, 구원하여 주시니 감사합니다.

수능시험이 오늘로 딱 한 달이 남았습니다. 30일이 지나면, ○○이가 수능시험을 봅니다. 시간이 느린 것 같으면서도 참 빠릅니다. 시간이 화살과 같다는 말이 실감이 납니다. 매일 기도하면서 하나님과 함께한 시간들이 좋았습니다. 하나님께서 저와 동행하신다는 것에 힘겨운 시간들을 잘 이겨냈습니다. ○○이도 지금까지 아주 잘 해주고 있습니다. 그 또한 하나님께서 ○○이와 함께하셨기 때문이라고 믿습니다.

하나님, ○○이가 남은 기간 동안 세상의 유혹에 현혹되지 않기를 원합니다. 사탄이 우리의 나약함을 잘 알고 있기에, 부족한 부분을 건드리면서 유혹합니다. 남은 30일의 시간 동안 그 유혹은 더 클 것입니다. 사탄은 ○○이가 분별하기 힘들 정도로 교묘하게 유혹할 것입니다. 마음을 흔들며 하나님으로부터 멀어지게 할 것입니다. 하나님의 말씀을 왜곡하거나 다른 신을 쫓게 할 수도 있습니다. ○○이에게 굳건한 믿음을 허락하시고, 마지막까지 사탄의 유혹에 넘어가지 않도록 하옵소서.

사탄의 유혹으로부터 이겨내기 위해서는 하나님의 말씀으로 무장해야 합니다. 비록 수능시험을 준비하는 시간이 촉박하긴 하지만, 하나님의 말씀을 읽는 것에 소홀히 하지 않게 하옵소서. 하나님의 말씀을 읽는 것이 시간을 버리는 것으로 생각하지 않게 하옵소서. 길과 진리이신 예수님께서 비춰주시는 길로 걸어가면 그 길이 가장 빠른 길입니다. 옳은 길을 찾지 못하고 방황하면서 급히 걸어가는 것보다 가야할 길을 향해 천천히 걸어가는 것이 더 빠릅니다. 이 진리를 ○○이가 깨닫게 하옵소서.

하나님께서 비춰주신 길을 따라가는 오늘 하루가 되길 원하오며, 예수님의 이름으로 기도합니다. 아멘.

성령 충만한 삶을 살게 하소서

"술 취하지 말라 이는 방탕한 것이니 오직 성령으로 충만함을 받으라" (엡 5:18)

　나의 힘이 되신 여호와 하나님을 찬양합니다. 나의 구원자이신 하나님을 찬양합니다. 내 영혼이 매일 주님을 향해 찬양합니다. 나의 몸과 마음을 다하여 하나님께 드리는 찬양을 받아 주옵소서. 하나님께 영광을 올려 드립니다. 받아 주옵소서.

　저의 모든 삶을 주관하시는 하나님.

　하나님께서는 저의 마음과 생각을 그 누구보다 알고 계십니다. 어떤 삶을 살고 있는지 잘 알고 계십니다. 그렇기에 하나님 앞에서 참 부끄럽습니다. 고개를 숙일 수밖에 없습니다. 제가 기억하고 있는 것들만으로도 이렇게 부끄러운데, 제 기억에 없는 것까지 모든 생각나게 된다면 쥐구멍이라고 찾아 들어가고 싶은 마음이 들 것입니다. 하지만 하나님께서 저의 모든 죄를 변호해 주시고, 대속해 주셨습니다. 그리고 저를 향해 당당하게 하나님의 자녀임을 선포하셨습니다. 하나님의 자녀답게 살라고 말씀하셨습니다.

저와 ○○이를 사랑하시는 하나님.

저와 ○○이의 삶이 날마다 성숙할 수 있도록 도와 주옵소서. 어제보다 오늘이, 오늘보다 내일이 하나님 자녀로서의 삶을 살아가게 하옵소서. 모든 삶의 영역에서 부끄럽지 않는 하나님의 자녀로 살아가게 하옵소서.

두려움에 떨며 숨어있던 예수님의 제자들이 성령을 받고, 거리로 나와 복음을 전했던 것을 잘 압니다. 저와 ○○이가 성령을 받기를 원합니다. 성령을 주옵소서. 두려움에 떨지 않게 하옵소서. 하나님의 자녀라는 것을 세상을 향해 담대하게 알리고, 복음을 전하게 하옵소서.

저와 ○○이가 성령 충만한 삶을 살게 하옵소서. 성령의 열매를 맺어가게 하옵소서. 세상에 쌓는 물질의 열매가 아니라 하늘에 쌓는 성령의 아홉 가지 열매를 맺어가게 하옵소서. 작지만 조금씩 하늘의 창고를 차곡차곡 쌓아 올리는 오늘 하루가 되게 하옵소서. 예수님의 이름으로 기도합니다. 아멘.

D-28일 목

하나님의 능력에 한계를 짓지 않겠습니다

"다만 여호와를 거역하지는 말라 또 그 땅 백성을 두려워하지 말라 그들은 우리의 먹이라 그들의 보호자는 그들에게서 떠났고 여호와는 우리와 함께하시느니라 그들을 두려워하지 말라 하나"(민 14:9)

우리의 빛과 구원이 되신 하나님께 영광을 올려 드립니다. 우리가 보지 못할 때에 빛으로 오시고, 우리가 죄의 늪에서 헤맬 때 손잡아 주셔서 생명으로 구원해주시니 감사합니다. 거센 바람과 파도가 몰려올 때에도 하나님께서 보호하시니 감사합니다. 저를 비롯한 모든 만물이 주님의 위대하신 이름 앞에 엎드려 경배합니다.

우리의 삶에 수많은 전쟁들이 일어납니다. 그 전쟁들마다 하나님께서 함께하옵소서. 제가 할 수 있는 것은 너무나 한정되어 있습니다. 이스라엘 땅을 정탐했던 12명의 정탐꾼 중에서 10명의 정탐꾼이 이야기했던 말이 생각납니다. 제 삶 앞에 펼쳐진 세상은 보기에 좋기는 하지만, 그곳에는 제가 근접할 수 없는 거대한 몸집의 장정들이 있습니다. 그들이 보기에 저의 모습은 메뚜

기와 같습니다. 아주 보잘 것 없는 존재로 여겨집니다.

하지만 2명의 정탐꾼이었던 갈렙과 여호수아는 그들은 우리의 먹이라고 외쳤습니다. 아무리 강하더라도 그들은 우리의 밥과 같은 존재일 뿐이라고 했습니다. 갈렙과 여호수아의 이런 외침은 그들이 잘났기 때문이 아니었습니다. 그들은 거인들보다 약했습니다. 하지만 전쟁에 능하신 하나님께서 함께하신다면 아무것도 아니라는 믿음이었습니다.

갈렙과 여호수아의 고백이 저와 ○○이의 고백이 되게 하옵소서. ○○이 앞을 가로 막고 있는 문제들이 비록 거대하겠지만, 하나님께서 주시겠다는 그 땅을 차지할 수 있습니다. 그들은 ○○이에게 밥입니다. 쉽게 정복할 수 있는 존재입니다. 눈앞에 보이는 것에 주눅이 들지 않게 하옵소서. 담대한 믿음으로 나아가게 하옵소서.

하나님의 능력에 한계를 정하고, 하나님의 말씀에 대항했던 이스라엘 백성들은 모두 광야에서 죽었습니다. 하지만 말씀에 순종했던 갈렙과 여호수아는 젖과 꿀이 흐르는 가나안 땅에 들어갔습니다. 말씀에 순종은 축복으로, 불순종은 멸망뿐입니다. 축복의 길로 향하는 오늘이 되길 원하며, 예수님의 이름으로 기도합니다. 아멘.

버릴 것들은 철저하게 버리게 하소서

> "그러므로 모든 더러운 것과 넘치는 악을 내버리고 너희 영혼
> 을 능히 구원할 바 마음에 심어진 말씀을 온유함으로 받으라"(약
> 1:21)

하나님, 아름다운 가을입니다.

높고 푸른 하늘과 나무마다 자신의 색깔을 내세우며 누가 더 아름다운지 경쟁하는 것 같습니다. 그러면서도 서로 조화를 이루어 우리에게 곱고 아름다운 풍경을 보여줍니다. 이렇게 아름다운 가을을 우리에게 주신 하나님께 감사를 드립니다.

우리는 낙엽을 바라보면서 아름다움에 취하지만, 나무 입장에서 보면 생명을 지키기 위해 치열하게 사는 일상입니다. 열매를 맺고 추운 겨울이 오기 전에 모든 영양분을 뿌리와 나무에 집중하기 위해서 화려하고 보기 좋은 것들을 스스로 버리는 작업들을 하고 있으니 그 얼마나 치열한 일상입니까? 모든 피조물들이 자신의 삶을 지키기 위해서 최선을 다하며 노력하고 있을 것입니다.

지금 ○○이도 자신의 삶에서 가장 치열한 시간을 보내고 있을 것입니다. 자신이 가고 싶은 길을 가기 위해서 모든 것들을 잠시 접어두고 공부하는 것에 집중하고 있습니다. 나무가 가을의 시기에 낙엽을 버리는 일을 제대로 하지 못하면 추운 겨울을 잘 견디지 못하는 것처럼, 지금 ○○이가 주변에 있는 것들을 버리지 못하면 좋은 결과를 얻지 못할 것입니다.

지금 당장 눈앞에 보이지 않지만, 새로운 날들이 찾아올 것입니다. 추운 겨울이 있으면 따뜻한 봄날이 찾아오듯, ○○이의 삶에서도 이 시간을 잘 견디면 따뜻한 계절이 찾아올 것입니다. 그날을 생각하면서 지금 떨쳐버려야 할 것을 내려놓게 하시고, 이 시간을 잘 견디게 하옵소서.

앞으로 수능시험이 27일 남았습니다. 힘들고 어려워서 포기하고 싶을 때마다 하나님께서 ○○이를 붙잡아 주시고, 잘 지탱할 수 있도록 하옵소서. 하나님의 손길이 필요합니다. 하나님께서 함께하여 주옵소서. 예수님의 이름으로 기도합니다. 아멘.

D-26일 토

범사에 감사하게 하소서

"항상 기뻐하라. 쉬지 말고 기도하라. 범사에 감사하라. 이것이 그
리스도 예수 안에서 너희를 향하신 하나님의 뜻이니라. 성령을 소
멸하지 말며 예언을 멸시하지 말고 범사에 헤아려 좋은 것을 취하
고 악은 어떤 모양이라도 버리라"(살전 5:16-22).

영광과 존귀를 받으시기에 합당하신 하나님의 이름을 찬양합
니다. 우리의 몸과 마음을 다하여 주님을 찬양합니다. 이 세상
의 희망으로, 어두운 곳을 밝히는 빛으로 오신 주님을 찬양합니
다. 예수 그리스도의 십자가 사랑이 우리를 구원하셨습니다. 예
수 그리스도를 우리의 구세주로 고백함으로 하나님 나라의 백성
이 되게 하심을 감사합니다.

"항상 기뻐하라. 쉬지 말고 기도하라. 범사에 감사하라. 이것
이 그리스도 예수 안에서 너희를 향하신 하나님의 뜻이니라. 성
령을 소멸하지 말며 예언을 멸시하지 말고 범사에 헤아려 좋은
것을 취하고 악은 어떤 모양이라도 버리라"(살전 5:16-22).

사도 바울이 데살로니가 교인들을 향해 보낸 편지에 기록된

말씀입니다. 수능시험이 다가오면서 저와 ○○이가 초조해 하지만, 이 말씀처럼 항상 기뻐하길 원합니다. 짜증나고 마음이 불편한 일도 있겠지만, 항상 기뻐하게 하옵소서.

쉬지 않고 하나님께 기도하길 원합니다. 결과와 상관없이 기뻐하고, 감사하게 하옵소서. 저와 ○○이를 향하신 하나님의 뜻을 이루어 가게 하옵소서. 그렇게 생활하기 위해서는 성령과 함께 해야 합니다. 항상 좋은 것을 향해 따라가며, 악은 어떤 모양이라도 버리는 삶을 살아가게 하옵소서.

항상 감사한다는 것이 그리 쉽지 않습니다. 모든 것이 하나님의 섭리 가운데 이루어진다는 믿음이 없다면 감사할 수 없습니다. 때로는 하나님을 향해 불평과 원망의 목소리를 내기도 합니다. 때로는 모든 것을 다 내 힘으로 했다고 생각하기도 합니다. 이럴 때 하나님께 감사하지 않습니다. 그렇기 때문에 범사에 감사한다는 말씀을 삶에 적용하기가 힘듭니다. 제 삶에서도, ○○이의 삶에서도 범사에 감사할 수 있기를 원합니다.

오늘도 우리의 삶에서 감사가 넘치길 간절히 원하오며, 예수님의 이름으로 기도합니다. 아멘.

헛된 예배를 드리지 않게 하소서

"헛된 제물을 다시 가져오지 말라 분향은 내가 가증히 여기는 바요 월삭과 안식일과 대회로 모이는 것도 그러하니 성회와 아울러 악을 행하는 것을 내가 견디지 못하겠노라" (사 1:13)

늘 언제나 늘 가까이 우리와 함께하시는 하나님께 감사와 영광을 드립니다. 우리의 마음을 활짝 열고 피난처가 되시는 하나님께 기쁨으로 찬양을 드립니다. 우리의 찬양을 받아 주옵소서. 주일을 맞이하여 우리 모두 하나님께서 계시는 성소를 향해 들어갑니다. 하나님께 기쁨의 제사를 드리게 하옵소서.

이사야 선지자를 통하여 하나님께서 주신 말씀이 생각이 납니다. 이스라엘 백성이 하나님께 제사를 드렸지만, 하나님께서는 그 제사를 받지 않으셨습니다. 헛된 제물을 드렸기 때문입니다. 초하루와 안식일과 집회의 선포를 견딜 수 없다고 말씀하셨습니다. 그 이유는 삶에서는 악을 행하면서 성회를 열었기 때문입니다.

지금 우리가 드리는 예배가 이사야가 선포했던 말씀처럼 헛된 예배가 아닌지 생각하게 됩니다. 매일 새벽예배, 수요예배, 금요기도회, 주일예배와 오후찬양예배를 드리고 있습니다. 이 예배는 성회라고 할 수 있습니다. 우리의 삶은 어떤지 돌아봅니다. 아무리 성회를 연다고 하더라도 우리의 삶이 악하다면 하나님께서 그 예배가 싫다고 하셨습니다.

우리가 아무리 손을 펼쳐 기도해도 하나님께서 눈을 가리고 우리를 보지 않을 것이라고 말씀하셨습니다. 우리가 아무리 기도를 많이 드려도 하나님께서 듣지 않을 것이라고 하셨습니다. 우리 손에 피가 가득하기 때문입니다. 하나님께서는 화려한 예배당이나 세련된 예배 분위기를 원하시는 것이 아닌지 잘 알고 있습니다.

만왕의 왕이신 하나님.
저와 ○○이가 오늘 몸과 마음을 다하여 예배하길 원합니다. 저와 ○○이의 삶을 하나님께 드리길 원하십니다. 거룩한 분위기가 아니라 저와 ○○이의 거룩한 삶을 드립니다. 기쁘게 받아 주옵소서. 예수님의 이름으로 기도합니다. 아멘.

더 집중하게 하소서

"너는 내일 일을 자랑하지 말라 하루 동안에 무슨 일이 일어날는
지 네가 알 수 없음이니라" (잠 27:1)

존귀와 영광을 받으시기에 합당하신 하나님께 찬양을 드립니
다. 늘 언제나 늘 가까이 우리를 지켜주시는 하나님께 감사를 드
립니다. 하나님의 날개 아래 우리가 몸을 숨기고 세상의 온갖 시
련과 고통을 견디게 하시니 감사합니다. 주님의 영광이 이 땅 가
득히 임하셔서 하나님의 품에 거하게 하시니 감사합니다. 우리
를 지으시고 우리를 구원하신 우리 주 예수 그리스도의 은혜에
감사를 드립니다.

○○이가 어제 주일을 잘 보내고, 오늘 아침 일찍 학교에 갔습
니다. 수능시험이 3주 정도 남았습니다. ○○이의 말을 들으니
학교가 어수선하다고 합니다. 수능이 다가오면서 아이들의 반
응이 다 다른 것 같습니다. 수시에 합격한 친구들도 있고, 대학
진학을 하지 않고 사회로 진출하기로 한 친구들도 있다고 합니
다. 수능시험에 대해서 부담이 전혀 없기 때문에 이런 친구들을

보면서 부러운 마음이 있기도 하지만 마음이 조급해지기도 합니다. 학교 안에 다양한 아이들이 있기 때문에 더 어수선한 것 같습니다. 주변에 시선을 빼앗기지 않고 자신의 일에 집중할 수 있도록 하옵소서.

하나님, 수능시험이 24일이 남았습니다. 남은 기간을 잘 보낼 수 있도록 하나님께서 ○○이를 도와 주옵소서. ○○이의 마음에 평안함을 주시고, ○○이가 가는 곳마다 하나님께서 인도하여 주옵소서. 얼마 전부터 각 과목마다 최종 마무리 정리를 한다고 합니다. 틀린 문제들을 보는 것도 소홀히 하지 않는다고 합니다. 아주 작은 부분도 꼼꼼히 보려고 노력한다고 합니다. ○○이가 중요한 것들을 놓치지 않고 공부할 수 있도록 하옵소서.

○○이가 시간이 부족하다고 말을 합니다. 하지만 더 많은 시간이 있다고 해서 나아지는 것은 아닐 것입니다. 지금 처한 시간을 잘 활용해서 보충할 것들을 잘 할 수 있도록 도와 주옵소서. 시간이 모자라지만, 몰입해서 더 많은 것들을 습득할 수 있도록 하옵소서.

이번 주간도 하나님의 보호하심을 경험하며 살아가길 소망합니다. 예수님의 이름으로 기도합니다. 아멘.

D-23일 화

삶을 주관 하소서

"여호와를 경외하는 것이 지혜의 근본이요 거룩하신 자를 아는
것이 명철이니라" (잠 9:10)

많은 사람들 중에서 우리 부부에게 ○○이를 허락하신 하나님
께 감사와 영광을 드립니다. 20여 년 전에 우리 부부에게 소중
한 선물을 주셨는데, 우리 부부가 하나님의 뜻대로 잘 양육했는
지 모르겠습니다. 예수님처럼 키와 지혜가 자라길 기도했습니
다. 하나님의 말씀 안에서 잘 크길 원했습니다. 때로는 힘든 시
기도 있었습니다. 마음이 상할 때도 있었습니다. 하지만 ○○이
는 우리 부부에게 기쁨이었고, 즐거움이었습니다. 우리를 향해
미소 짓는 모습만으로 행복한 시간들이었습니다. 귀한 ○○이를
주신 하나님께 감사를 드립니다.

하나님, ○○이를 위해서 기도합니다.
○○이가 다른 사람과 어울리지 못하고 자기 욕심만 채우는
사람이 되지 않게 하옵소서.
자신의 이익을 위해서 싸움을 불러일으키고 다른 사람에 대해

서 수군거리는 악한 사람이 되지 않게 하옵소서.

마른 빵을 먹더라도 하나님의 말씀에 순종하는 삶을 살아가게 하옵소서.

교만은 패망의 선봉이라고 했습니다. 겸손한 삶을 살아가게 하옵소서.

모든 일에 지혜로운 삶이 되게 하옵소서.

하나님께서 주신 통찰력으로 생명의 길을 걸어가게 하옵소서.

여호와를 경외하는 것이 지식의 근본이고, 죽음의 덫에서 벗어나는 길임을 알게 하옵소서.

악한 사람의 꾀에 넘어가지 않게 하옵소서.

의인의 삶을 살아가게 하옵소서.

진실한 삶으로 자신의 영혼뿐만 아니라 다른 사람들의 영혼을 구원하는 삶을 살아가게 하옵소서.

매일 하나님의 은혜가 충만한 삶을 살아가게 하옵소서.

무슨 일을 하든지 하나님께 구하고 하나님의 뜻에 합당한 삶을 살아가게 하옵소서.

훈계를 사랑하고 꾸지람을 미워하지 않게 하옵소서.

어떤 비바람이 불어와도 믿음의 뿌리가 흔들리지 않게 하옵소서.

하나님께서 ○○이의 삶을 주관하옵소서. 예수님의 이름으로 기도합니다. 아멘.

D-22일 수

담대하게 하나님을 선포하게 하소서

> "여호수아가 백성에게 이르되 너희가 여호와를 택하고 그를 섬기리라 하였으니 스스로 증인이 되었느니라 하니 그들이 이르되 우리가 증인이 되었나이다 하더라" (수 24:22)

세상의 모든 피조물을 창조하신 하나님 아버지께 영광을 드립니다. 이 세상 어느 것도 스스로 존재하는 것은 없습니다. 하나님께서 창조하시지 않고서는 존재할 수 없습니다. 세상에 많은 사람들이 진화론을 외치면서 어쩌다 일어난 존재들이라고 이야기하지만, 세상에 그런 것들은 하나도 없습니다. 오직 하나님의 손길을 거치고 이루어진 것입니다. 하나님께서 우주만물을 만드시고, 지금도 이 세상을 주관하시고 계시는 것을 믿습니다. 하나님의 놀라우신 능력과 그 이름을 찬양하고, 경배합니다.

저와 ○○이가 세상을 향해 위대하신 하나님을 선포하길 원합니다. 부끄럽고 두려워 내 자신조차 그리스도인임을 나타내지 못하는 그리스도인들이 많습니다. 하나님의 이름을 욕되게 하고, 예수님의 존재를 부인하는 말을 해도 꿀 먹은 벙어리처럼 아무런 말을 하지 못하는 그리스도인들도 있습니다.

하나님!

저와 ○○이는 그들에게 담대함으로 창조주이신 하나님과 예수 그리스도를 외치게 하옵소서. 하나님의 위대하시고 놀라우신 능력을 직접 경험하고, 증인된 삶을 살게 하옵소서. 때론 우리의 믿음이 연약하여 고개를 다른 곳으로 돌리고 외면할지도 모릅니다. 복잡하고 시끄러운 것들을 피하고 싶어서 조용히 있을 수도 있습니다. 그런 순간마다 하나님께서 우리에게 베풀어 주신 은혜와 사랑을 기억나게 하시고, 담대함으로 그들에게 복음을 전하게 하옵소서.

저와 ○○이의 믿음을 더 자라게 하옵소서, 용기를 주옵소서. 하나님의 자녀로서 당당한 삶을 살아가게 하옵소서. 특별히 ○○이와 함께하셔서 하나님의 복된 자녀로 잘 성장할 수 있도록 하옵소서. 하나님의 돌보심 안에서 세상이 주는 기쁨과 즐거움보다 하나님께서 주시는 기쁨과 즐거움을 누리고 살아가게 하옵소서.

오직 믿음으로 주님을 바라보는 하루가 되길 원하며, 예수님의 이름으로 기도합니다. 아멘.

주님을 따르는 삶을 살게 하소서

"여호와께서 자기 백성에게 힘을 주심이여 여호와께서 자기 백성
에게 평강의 복을 주시리로다"(시 29:11)

주님의 이름을 높이며, 찬양과 영광을 드립니다. 저의 몸과 마음을 다하여 주님께 경배를 드립니다. 세상의 모든 근심과 걱정, 풍파 속에서 지켜주시니 감사를 드립니다.

세상이 점점 험악해지는 것 같습니다. 사람들이 더 이기적인 삶을 살아갑니다. 다른 이웃을 돌볼 여유가 없습니다. 자신의 욕심과 욕망을 채우기에 바쁩니다. 주변 사람들이 어떻게 되든지 내 자신만 괜찮으면 된다는 생각이 지배적입니다. 세상 사람들뿐만 아니라 주님을 믿는 그리스도인들조차 이기적인 삶을 살아갑니다. 나만 아니면 된다는 생각이 가득합니다.

저와 ○○이는 세상의 욕심을 따르는 삶을 살지 않기를 원합니다. 나만의 울타리 안에서 자화자찬하면서 살지 않기를 원합니다. 세상 사람들이 말하는 소위 성공이라는 것을 쫓아가는 삶

을 살지 않기를 원합니다. 주님을 바라보며 따르는 삶을 살 수 있도록 저와 ○○이의 삶을 붙잡아 주옵소서.

○○이가 수능시험을 볼 날도 이제 3주 남았습니다. 수능시험을 준비하는 과정을 옆에서 지켜보니, 자칫 하나님을 잊고 세상의 욕심을 따라가기에 쉽다는 것을 느낍니다. 말로는 공부가 인생의 전부가 아니라고 말하지만, 마음속으로는 공부해서 좋은 대학에 가야 성공한다는 생각이 자리 잡습니다. 우리 사회가 더 성숙된다면 우리 인생의 모든 것을 공부에 걸지 않을 것인데, 기성세대인 우리가 참 부족하다는 것을 느낍니다.

우리의 이런 모습이 그대로 자녀에게 전해지기 때문에 시험에 대한 부담감과 두려움이 더 크게 느껴질 것이라고 생각합니다. 그렇기 때문에 대한민국의 많은 아이들이 공부 스트레스를 제일 많이 받고 있지 않나 싶습니다. 이런 스트레스를 견디지 못해 자살하는 아이들도 너무 많습니다.

공부가 인생의 전부가 아니라는 것을 말뿐만 아니라 제 삶을 통해 ○○이에게 전하길 원합니다. 예수님의 이름으로 기도합니다. 아멘.

D-20일 금 🙏

베푸는 삶을 살게 하소서

"원수를 갚지 말며 동포를 원망하지 말며 네 이웃 사랑하기를 네
자신과 같이 사랑하라 나는 여호와이니라" (레 19:18)

은혜롭고 자비로우신 하나님!

저와 ○○이를 자녀로 삼아주시니 감사합니다. 날마다 하나님
의 은혜와 사랑 가운데 거하게 하시니 감사를 드립니다. 이 감사
를 잊지 않고 살기를 원합니다. 제 삶에 찾아오는 기쁨과 즐거움
이 당연하다는 식으로 받아들이고, 마치 내가 이룬 것처럼 착각
하며 살지 않게 하옵소서.

배워서 남 주냐는 말이 있었는데, 배워서 남을 주는 ○○이가
되길 원합니다. 많은 것들을 배워서 자기 자신만 채우는 욕심쟁
이가 되지 않기를 원합니다. 자신만 잘 살면 된다는 생각을 하지
않았으면 좋겠습니다. 다른 사람들을 위해 더 많은 것을 배울 수
있는 ○○이가 되면 좋겠습니다. 언제나 자신보다 다른 사람들
을 돌볼 수 있는 ○○이가 되면 좋겠습니다.

수능시험도 마찬가지입니다. ○○이가 더 많은 것을 배우기
위한 하나의 과정이라고 생각하면 좋겠습니다. 대학에 진학하

는 것도 자신의 욕심을 채우기보다는 다른 사람들을 섬기고 헌신하기 위한 사랑의 실천이라고 생각하면 좋겠습니다. 이런 마음을 가진다면, 보다 더 편안하고 기쁜 마음으로 수능을 준비하고, 시험을 볼 수 있을 것이라고 생각합니다. 그리고 이런 마음이, 이런 삶이 그리스도인의 참 모습이라고 생각합니다. ○○이가 세상을 이렇게 살아가면 좋겠습니다. 하나님께서 ○○의 삶을 주관하셔서, 참된 그리스도인의 삶을 살아갈 수 있도록 도와주옵소서.

○○이가 받는 것보다 주는 것이 더 복되다는 하나님의 말씀을 마음 깊이 간직하며 살기를 원합니다. 비록 많은 것을 가지지 못한 삶을 살더라도 많은 것을 베풀면서 사는 삶을 살아갈 수 있기를 원합니다. 그것이 언제나 우리의 삶에 은혜와 사랑으로 베풀어 주시는 하나님을 향한 감사의 삶이라고 생각합니다.

언제나 감사가 넘치는 삶을 이끌어주시는 하나님을 찬양하며, 예수님의 이름으로 기도합니다. 아멘.

악한 세상에서 믿음을 지키게 하소서

"노아는 의인이요 당대에 완전한 자라 그는 하나님과 동행하였으며"(창 6:9)

거룩하신 하나님, 모든 민족과 나라가 하나님을 향해 찬양하며 경배합니다. 온 피조물들이 하나님께 영광을 드리오니 받으옵소서. 거룩하신 하나님의 이름이 온 세상에 두루 퍼지길 기도합니다.

일찍이 하나님께서 하나님의 사람들을 택하셔서 하나님의 말씀에 순종하며 살아가도록 인도하셨습니다. 하지만 그들의 말에 많은 사람들이 따르지 않았습니다. 쓸데없는 소리를 한다고하는 사람들도 있었습니다. 보이지도 않는데 어떻게 신을 믿느냐는 사람들도 있었습니다. 하나님을 조롱하고, 하나님의 사람들을 핍박했습니다. 그 결과, 하나님을 진노하게 만들었습니다. 사람들의 미련함 때문이었습니다.

노아가 살던 시대에 사람들의 생각하는 것이 온통 악한 것들이었습니다. 그때 하나님께서 사람을 만드신 것을 후회하실 만큼 악했습니다. 그래서 모든 피조물을 물로 멸하실 계획을 하셨지요. 그때 마음이 많이 아프셨을 것이라고 생각합니다. 하나님께서 홍수에서 살아남을 수 있는 방주를 만들라고 노아에게 말씀하셨습니다. 노아가 방주를 만들 때, 하나님의 심판을 두려워하며 회개했던 사람은 아무도 없었습니다. 모두 노아를 미쳤다고 했을 것입니다.

지금 우리의 시대도 노아가 살던 시대와 별반 다르지 않습니다. 많은 사람들이 악한 생각으로 가득합니다. 교회가 열심히 방주를 만들고 있지만, 방주 안에 들어오려고 하는 사람들이 많지 않습니다. 오히려 방주 안에 있는 사람들을 향해 손가락질을 합니다. 심한 욕설을 하는 사람들도 있습니다.

세대가 악합니다. 이런 시기에 저와 ○○이가 노아가 품었던 믿음을 갖길 원합니다. 외로움에 있었던 노아는 얼마나 힘들었을까요? 하지만 하나님께서 노아와 함께하셨기 때문에 긴 시간을 이겨내며 방주를 만들었을 것입니다. 노아와 함께하셨던 하나님, 오늘도 저와 ○○이와 함께하여 주옵소서. 예수님의 이름으로 기도합니다. 아멘.

온 교회가 개혁하길 원합니다

> "복음에는 하나님의 의가 나타나서 믿음으로 믿음에 이르게 하나
> 니 기록된 바 오직 의인은 믿음으로 말미암아 살리라 함과 같으니
> 라" (롬 1:17)

전지전능하신 하나님을 찬양합니다. 하나님은 위대하시며, 그 누구도 대적할 수 없습니다. 온 우주만물의 창조주가 되시고, 우리의 구원자가 되십니다. 우리의 모든 것들을 다하여 하나님께 영광을 드립니다.

1517년, 마르틴 루터가 비텐베르크 성 교회의 정문에 〈95개조 반박문〉을 내걸며, 교회의 부당성을 알렸습니다. 이것이 계기가 되어 전 유럽에 종교개혁이 일어났습니다. 오늘은 그날을 기념하기 위한 종교개혁주일입니다.

'고인 물은 썩기 마련'이듯 천년 여 동안 절대 권력을 지닌 교황청은 면죄부까지 판매하며 부패하기 시작했습니다. 교회가 교회다움을 잊고, 지도자들의 욕심을 채우기 위한 수단으로 사용

된 것입니다. 하나님을 예배하고 하나님을 섬긴다고 했지만, 그들의 삶에는 하나님은 계시지 않았습니다.

지금도 중세시대처럼 교회다움을 잊는 교회가 많습니다. 복음을 전해야 할 교회가 복음을 전하지 못하는 곳도 있습니다. 오직 믿음으로, 오직 성경으로, 오직 예수 그리스도로 구원을 얻을 수 있음에도 다른 것을 요구하는 곳도 있습니다. 사람을 현혹해서 자신의 잇속을 챙기는 거짓 선지자들도 많습니다. 성경을 자기 마음대로 해석해서 마치 자신이 그리스도가 된 것처럼 다른 사람들을 속이는 이단사이비자들도 많습니다. 교회라는 이름을 내걸고 온갖 거짓되고 악한 일을 하기 때문에 세상으로부터 비난과 조롱을 당하기도 합니다. 교회가 부패하고 거짓되다고 말하기도 합니다.

종교개혁주일을 맞이하여, 우리나라의 온 교회가 개혁되길 원합니다. 초대교회처럼 순수하고 깨끗하고 거룩한 교회가 되게 하옵소서. 또한 저와 ○○이도 초대교인처럼 성령이 충만한 삶을 살기 원합니다.

거룩한 주일, 하나님께 몸과 마음을 담아 예배하길 원하오며, 예수님의 이름으로 기도합니다. 아멘.

D-17일 월

에벤에셀의 하나님

> "사무엘이 돌을 취하여 미스바와 센 사이에 세워 이르되 여호와
> 께서 여기까지 우리를 도우셨다 하고 그 이름을 에벤에셀이라 하
> 니라" (삼상 7:12)

지극히 높은 곳에서 우리의 모든 삶을 주관하시는 하나님!

주님의 신실하심을 찬양합니다. 실수가 없으신 하나님께서 지금까지 우리를 지켜주심에 감사를 드립니다. 우리 앞에 찾아오는 사탄의 모든 유혹과 문제들을 물리쳐주시고, 하나님의 품에 거하게 하시니 감사합니다. 영원까지 우리를 보호하시고 인도하옵소서.

에벤에셀의 하나님!

주일을 보내고 새로운 날을 맞이합니다. 10월의 마지막 주간을 보내면서 하나님께서 올해 우리에게 베풀어 주신 은혜를 생각합니다. 매년 그렇듯, 올해도 하나님께서 많은 것들로 저의 삶을 채워주시고, 우리 가족들을 지켜주셔서 감사합니다. 고3인 ○○이도 하나님의 돌보심 가운데 지금까지 잘 지낼 수 있게 하

심을 감사합니다. 특별히 영혼의 많은 열매를 맺게 하시니 감사합니다. 힘들고 어려운 시간이었지만, 하나님께 더욱 기도하는 시간이었습니다. 하나님의 말씀을 읽고, 순종하는 시간이 더 많았습니다. 하나님께서 저에게, ○○이에게 바라고 계시는 것이 무엇인지 깨닫는 시간이었습니다.

우리가 육체의 소욕이 아니라 성령의 이끄심에 따라 살기 위해 더욱 노력했던 한 해였습니다. 이런 시간들을 있게 하신 하나님께 감사를 드립니다. 앞으로의 삶에서도 세상에서 말하는 성공에 현혹되어 살지 않게 하옵소서. 하나님의 섭리에 따라 하나님께서 준비하신 길을 따라가는 삶을 살게 하옵소서.

이번 한 주간도 하나님의 말씀 안에 충만한 삶을 살아가게 하옵소서. ○○이가 남은 기간 동안 더욱 하나님의 말씀에 순종하는 삶을 살아가게 하옵소서. ○○이에게 부족한 부분들이 많이 있습니다. 하지만 부족한 것들도 모두 하나님께서 주신 것들이니, 그것으로 좌절하거나 낙망하지 않게 하옵소서. 하나님께서 주신 은사들을 더욱 개발하여 하나님을 섬기는 데 최선을 다할 수 있게 하옵소서.

오늘 우리의 삶도 하나님의 말씀에 순종하길 원하오며, 예수님의 이름으로 기도합니다. 아멘.

D-16일 화

항상 하나님을 경배하게 하소서

"지존자여 십현금과 비파와 수금으로 여호와께 감사하며 주의 이름을 찬양하고 아침마다 주의 인자하심을 알리며 밤마다 주의 성실하심을 베풂이 좋으니이다" (시 92:1-3)

사랑이 가득하신 하나님을 찬양합니다. 항상 하나님의 은혜를 우리의 삶에 충만하게 부어주시니 감사합니다. 다른 누구보다 저에 대해서 잘 아시는 하나님께서 주시는 은혜이니 제겐 감사한 마음뿐입니다.

그럼에도 불구하고 저는 순간마다 하나님께 불평을 쏟아내며 살았습니다. 제게 일어나는 여러 가지 일 때문에 투정을 부리기도 했습니다. 마치 저는 잘 하고 있는데, 하나님 때문에 일어난 것으로 여기면서 말입니다. 하지만 제게 일어나는 문제들은 대부분 저의 잘못된 생각과 행동들 때문이었습니다. 하나님, 용서해 주옵소서.

해가 거듭될수록 인생이 쉽지 않다는 것을 느낍니다. 인생이 롤러코스터처럼 요동칩니다. 마음에 평안함이 있다가도 가슴이 내려앉는 상황이 오기도 합니다. 아무 것도 보이지 않다가도 하늘이 뻥 뚫리는 경우도 있습니다. 한치 앞도 보지 못하는 것이 우리의 모습이 아닌가 싶습니다. 언제 어떤 상황이 ○○이에게 일어날지 모릅니다. 아직 학생 신분이기 때문에 그 격차가 크지는 않겠지만, ○○이의 삶도 롤러코스터와 같을 것입니다. 하늘을 날 것 같은 날이 있는가 하면, 가슴이 터질 것 같은 날도 있을 것입니다.

예수님께서 비유로 말씀하셨던 것이 생각납니다. 어떤 부자가 곡식이 많아지면서 저장할 곳이 부족해서 더 큰 저장소를 만들면서, 이제 내 영혼이 편히 쉬고 먹고 마실 수 있겠다고 했습니다. 하지만 하나님께서 그날 밤 그의 영혼을 거두어 가셨습니다. 다음날 자신에게 어떤 일이 일어날지도 모르면서 자신을 위해 욕심을 부리는 가엾은 영혼이 그 부자만이 아닐 것입니다. 제게도 동일하게 적용될 것입니다. ○○이의 삶도 마찬가지일 것입니다. 항상 하나님을 경배하는 삶을 살 수 있도록 도와 주옵소서.

사랑과 은혜가 풍성하신 하나님, 우리의 삶에 개입하셔서 평온한 삶을 누리며 살게 하옵소서. 예수님의 이름으로 기도합니다.

하나님께서 직접 일하십니다

"여호와께서 너희를 위하여 싸우시리니 너희는 가만히 있을지니라" (출 14;14).

이집트에서 종살이를 하던 이스라엘 백성을 구원하시는 하나님!

사탄의 그늘 아래에서 죄인의 삶을 살던 우리를 구원하시는 하나님의 은혜에 감사를 드립니다. 하나님의 사랑 때문에 죽음에서 생명으로 회복할 수 있었고, 하나님의 은혜 때문에 지금까지 호흡하면서 살고 있습니다. 하나님의 사랑과 은혜에 감사합니다.

이집트를 탈출한 이스라엘 백성이 홍해에 다다랐을 때에 이집트 군대가 이스라엘 백성을 붙잡기 위해 쫓아왔습니다. 진퇴양난이었습니다. 이스라엘 백성들 사이에서 하나님과 모세를 향해 불평과 불만이 쏟아져 나왔습니다. 왜 여기까지 와서 우리를 죽게 만드느냐며 소리를 질렀습니다.

지금 저와 ○○이를 비롯한 전국의 많은 수험생들이 진퇴양난의 시기인 것 같습니다. 수능시험이라는 날짜는 점점 다가오고 있고, 시험의 부담감은 점점 커져만 가고 있습니다. 이러지도 저러지도 못한 채 시간만 흐르는 것 같습니다.

우왕좌왕하는 이스라엘 백성들을 향해 하나님께서 모세를 통해 하셨던 말씀이 있습니다. 오늘 그 말씀이 생각납니다.

"여호와께서 너희를 위하여 싸우시리니 너희는 가만히 있을지니라"(출 14:14).

하나님께서 이스라엘 백성을 위하여 싸우시는 것을 가만히 보고 있으라는 말씀입니다. 이 말씀이 오늘 저에게 위로가 됩니다. ○○이에게도 위로가 되길 원합니다.

아무 것도 할 수 없는 저와 ○○이에게 가만히 서서 하나님께서 우리를 위해 싸우시는 것을 보라는 말씀으로 들립니다. 이 말씀에 의지하여 오늘도 하나님께서 우리를 위해 싸우시는 것을 믿음으로 봅니다. 특별히 앞뒤를 다 막고 있는 ○○이의 문제들을 하나님께서 물리쳐주시길 간절히 기도합니다. 예수님의 이름으로 기도합니다. 아멘.

D-14일 목

세상의 빛과 소금이 되게 하소서

"너희는 세상의 소금이니 소금이 만일 그 맛을 잃으면 무엇으로 짜게 하리요 후에는 아무 쓸 데 없어 다만 밖에 버려져 사람에게 밟힐 뿐이니라 너희는 세상의 빛이라 산 위에 있는 동네가 숨겨지지 못할 것이요 사람이 등불을 켜서 말 아래에 두지 아니하고 등경 위에 두나니 이러므로 집 안 모든 사람에게 비치느니라 이같이 너희 빛이 사람 앞에 비치게 하여 그들로 너희 착한 행실을 보고 하늘에 계신 너희 아버지께 영광을 돌리게 하라" (마 5:13-16)

그 누구보다 사랑으로 저를 돌보시고, 푸른 초장으로 인도하시는 하나님께 감사와 영광을 드립니다. 깊이 생각해보면, 하나님의 은혜는 제가 감당할 수 없을 만큼 깊고 큽니다. 그럼에도 그 은혜에 감사하는 생활을 하지 못했습니다. 때로는 하나님의 은혜를 값싼 것들로 취급하여 거들떠보지도 않았습니다. 저의 부족한 믿음을 깊이 반성합니다. 용서해 주옵소서. 저와 ○○이가 하나님의 은혜에 감사하는 삶을 살기를 원합니다. 매일 하나님께서 베푸신 은혜가 풍성합니다. 그 은혜에 감사하는 마음으로 살게 하옵소서.

저와 ○○이가 사회에서, 학교에서, 가정에서 우리에게 맡겨주신 귀한 사명들도 잘 감당하며 살기 원합니다. 우리가 머무는 곳마다 빛과 소금의 역할을 감당하게 하옵소서. 어두운 곳에 빛이 되어 우리가 얼마나 죄스러운 삶을 살았는지 깨닫게 하길 원합니다. 또한 예수 그리스도를 통해 구원을 받을 수 있다는 기쁨의 소식까지 전하게 하옵소서. 소금이 되어 세상이 부패하거나 썩지 않게 하는 사명을 감당하길 원합니다. 아무런 맛이 없는 곳에 자신을 희생하며 깊은 맛을 낼 수 있는 존재가 되길 원합니다.

저와 ○○이가 가는 곳마다 예수 그리스도의 향기가 나고, 모두 기쁨으로 충만한 삶을 살면 좋겠습니다. 우리로 인하여 주변에 많은 사람들이 평화로운 삶을 누렸으면 좋겠습니다. 그러기 위해서 저와 ○○이가 더 굳건한 믿음을 가지게 하옵소서. 하나님의 은혜에 감사하는 삶을 살게 하옵소서. 언제 어디서나 하나님의 자녀임을 잊지 않고 거룩한 삶을 살게 하옵소서. 많은 사람들이 우리의 모습을 보고 하나님께서 살아 계시다는 것을 느낄 수 있기를 원합니다.

오늘도 하나님의 은혜 가운데 지내길 원하오며, 예수님의 이름으로 기도합니다. 아멘.

긍휼한 마음을 주소서

> "아버지가 자식을 긍휼히 여김 같이 여호와께서는 자기를 경외하
> 는 자를 긍휼히 여기시나니" (시 103:13)

주님 앞에 설 수 있도록 허락하신 하나님의 자비하심과 은혜
로우심을 찬양합니다. 죄인인 제가 하나님 앞에 설 수 있는 것이
얼마나 부끄럽고 힘든 일인지 잘 알고 있습니다. 그럼에도 예수
그리스도를 통하여 저의 대변자로 삼아주시고, 또한 저를 대신
하여 대속물로 내어주신 그 사랑 때문에 하나님을 바라볼 수 있
는 것도 잘 알고 있습니다. 하나님께서 한없이 베풀어 주시는 사
랑을 생각할 때마다 감사를 하지 않을 수 없습니다. 정말 감사를
드립니다.

어느덧 10월이 지나고 11월이 되었습니다. ○○이가 수능시험
을 볼 날도 이주일밖에 남지 않았습니다. 청명했던 가을하늘이
점점 높아지더니 이제는 아침저녁으로 제법 쌀쌀한 바람이 붑니
다. 날씨만큼이나 제 마음에 초조한 거센 바람이 불어오는 것을
막을 수 없습니다. ○○이도 저와 같은 마음이겠지요?

하나님께 간절한 마음을 담아 지금까지 ○○이를 위해 기도했습니다. 기도시간마다 저에게 평안이 있었습니다. 하나님께 기도한 모든 것들이 응답되기를 소망합니다. 제가 하나님께 드린 기도에 개인적인 욕심이 있었다면, 용서하여 주옵소서. 오직 하나님께서 저와 ○○이를 위해 예비하신 그 길을 따라 걸어갈 수 있도록 영육의 눈을 뜨게 하옵소서. 그리하여 하나님의 백성, 자녀로서의 삶을 온전히 걸어갈 수 있도록 하옵소서. 또한 개인적인 기도의 제목뿐만 아니라 다른 사람들을 위한 기도에도 힘을 다할 수 있기를 원합니다.

우리가 살아가는 이 세상에 하나님의 자비와 긍휼이 필요한 사람들이 참 많습니다. 하나님께서 이스라엘 백성들에게 고와와 과부, 나그네를 더 보살피고, 관심을 가져야 된다고 말씀하셨습니다. 그만큼 소외되고 어려운 이들을 도와야 합니다.

저와 ○○이가 긍휼의 마음을 가지길 원합니다. 비록 우리가 많은 것들을 가지지 않았지만, 우리가 가진 것들로 힘들고 어려운 이웃들을 돌아보길 원합니다. 우리만의 풍요로움을 꿈꾸지 않게 하시고, 하나님께서 우리에게 주신 것을 이웃들과 나누며 더불어 살아가는 삶을 살게 하옵소서. 예수님의 이름으로 기도합니다. 아멘.

D-12일 토

눈 녹듯이 해결 하소서

"여호와께서 말씀하시되 오라 우리가 서로 변론하자 너희의 죄가
주홍 같을지라도 눈과 같이 희어질 것이요 진홍 같이 붉을지라도
양털 같이 희게 되리라" (사 1:18)

나의 구원자가 되시는 주님!

오늘은 마음이 답답합니다. 뭔가 저를 누리고 있는 이 불안함
을 떨쳐버릴 수가 없습니다. 간밤에 도통 잠을 이룰 수 없었습니
다. 하나님께서 이런 저의 마음을 가장 잘 아신다고 생각합니
다. 하루에도 수십 번, 아니 수백 번 변하는 저의 마음을 저도
잘 모르겠습니다. 확신에 찬 기분이 들다가도 불안한 마음이 엄
습해오면 주체를 할 수 없을 정도로 마음이 답답해집니다.

매일 기분 좋은 날을 보내면 좋을 텐데, 그렇게 살지 못하는
것이 인생인 것 같습니다. 맑고 화창한 날이 있으면, 침울한 날
도 있습니다. 어떤 날은 갑자기 몰아치는 비바람도 있습니다.
그러다가도 언제 그랬느냐는 듯 햇살이 내려쬐는 날도 있습니
다. 우리의 인생도 그런 것 같습니다.

○○이를 위해 기도한 날들을 돌아봅니다. 기도하면서 정말 기쁘고 즐거웠던 날이 있었습니다. 모든 것이 다 이루어질 것 같은 기분이었습니다. 행복했습니다. 하지만 전혀 그렇지 않은 날도 있었습니다. 기도를 했지만, 하루 종일 우울하거나 기분이 좋지 않았습니다. 때로는 아무런 말없이 하나님만 외쳤던 날도 있었습니다. 그것조차 외칠 수 없었던 날도 있었습니다. 어떤 날은 기도하는 시간을 잊고 있던 날도 있었습니다. 그럼에도 지금까지 잘 견디고 이겨내면서 ○○이와 함께 하나님께 기도했습니다.

○○이는 저보다 더 할 것이라 생각합니다. 그럼에도 잘 견디는 것은 하나님의 돌보심 때문이라고 생각합니다. 하나님께서 함께하시지 않는다면, 우리의 힘으로 할 수 있는 것은 아무 것도 없습니다. 모진 풍파를 헤쳐 나가기에 우리는 연약합니다. 하나님께서 함께하셔야 합니다.

지금의 답답한 마음도 곧 따뜻한 햇살에 눈이 녹듯이 가라앉을 것이라고 믿습니다. 하나님을 의지하고, 기도하면서 오늘 하루도 잘 견디게 하옵소서. 저뿐만 아니라 ○○이도 남은 시간을 잘 견디게 하옵소서. 예수님의 이름으로 기도합니다. 아멘.

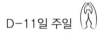

예배자의 삶을 살아가게 하소서

"내가 복음을 위하여 모든 것을 행함은 복음에 참여하고자 함이라" (고전 9:23)

전지전능하신 여호와 하나님!

오늘 우리가 드리는 예배를 받아 주옵소서. 거룩하고 영광스러운 예배 가운데 참여함으로 우리에게 하나님의 은혜가 가득한 시간이 되게 하옵소서. 하나님께서 내려 주시는 사랑과 은혜를 경험하며 그 사랑으로 세상을 살아가게 하옵소서. 또한 그 사랑을 세상 사람들에게 전하는 귀한 사명도 감당하게 하옵소서.

많은 하나님의 사람들로 인해 세계 곳곳에 주님의 복음이 심어졌습니다. 복음 때문에 영혼의 구원을 받은 사람들은 그 은혜에 감격하면서 살았습니다. 때로는 복음을 전하는 일에 헌신했습니다. 그들의 헌신 때문에 더 많은 사람들이 복음을 접하게 되었습니다.

복음은 밖으로 나가서 외치는 것만이 아니라고 생각합니다. 많은 사람들을 향해 복음을 전하고, 그 복음이 얼마나 참된 진리인지 외치는 선교적인 삶을 살아가는 것도 중요합니다. 하지만, 우리가 처한 각자의 자리에서 예배자의 삶을 살아가는 것도 복음을 전하는 것이라고 생각합니다.

내가 있는 지금 그 자리가 선교지이며, 내가 살아가는 삶이 바로 복음을 전하는 선교사의 삶이라는 것을 기억하게 하옵소서. 내 주변에 있는 가장 가까운 이들부터 삶에서 섬기고 헌신하게 하옵소서. 그것이 얼마나 힘들고 어려운지 알고 있습니다. 그럼에도 이 일이 얼마나 중요하다는 것도 알고 있습니다.

우리 교회를 사랑하시는 하나님! 교회에서 시기와 질투가 성행하고, 다툼 때문에 고발과 소송이 일어나는 일들이 없게 하옵소서. 하나님의 사랑과 은혜가 가득하게 하옵소서. 복음 때문에 기뻐하고, 즐거워하는 교회가 되게 하옵소서. 모든 성도들이 어떤 자리에 있든지 선교사의 마음으로 섬기게 하옵소서.

거룩한 주일, 복된 하루가 되게 하옵소서. 예수님의 이름으로 기도합니다. 아멘.

모든 것을 주님께 맡깁니다

"수고하고 무거운 짐 진 자들아 다 내게로 오라 내가 너희를 쉬게 하리라" (마 11:28)

주여, 찬양과 영광을 받으옵소서. 존귀하신 하나님의 이름을 찬양합니다. 하나님께서 매일 사랑과 은혜를 베풀어 주셔서 즐겁고 기쁜 마음으로 살아갑니다. 감사합니다. 하나님께 경배하며 하나님의 말씀대로 살지 못했음에도 제게 많은 것들로 베풀어 주셔서 감사합니다. 하나님께 지난날 저의 죄를 내려놓습니다. 주님의 보혈의 피로 다 씻어주시고, 용서하여 주옵소서.

사랑하는 ○○이가 다음 주에 수능시험을 봅니다. 쪽지시험이더라도 시험을 본다는 것은 누구에게나 긴장됩니다. 갑자기 머릿속이 깜깜해지고, 심장이 빨라지는 것은 어떻게 할 수 없나 봅니다. ○○이가 당황하지 않고 침착하게 한 문제씩 풀어갈 수 있도록 도와 주시옵소서. 성령님께서 도와 주셔서 지금까지 준비한 만큼 시험을 잘 볼 수 있게 하시고, 실수하지 않도록 하옵소서.

지혜의 주님!

수능시험을 오랜 시간 준비했습니다. 지금까지 공부한 것을 평가하는 것입니다. 작은 실수 때문에 그 동안의 노력이 물거품이 되지 않도록 하옵소서. 시험이 끝나는 시간까지 침착하게 문제를 풀 수 있도록 도와 주시옵소서. 답안지에 마킹하는 손길에도 함께하셔서 밀려서 쓰거나 잘못 표기하지 않도록 하옵소서.

저는 하나님께 기도하며 모든 것을 맡깁니다. 제가 할 수 있는 것은 하나님께서 ○○이와 함께하시길 기도하는 것입니다. ○○이는 저의 자녀이지만, 하나님의 백성이고 하나님의 자녀입니다. 저의 마음보다 하나님의 마음이 ○○이에게 더 향하겠지요. 하나님께서 ○○이의 삶을 인도하신다는 것을 믿고 결과가 어떻게 나오더라도 하나님께 감사하게 하옵소서.

남은 기간 동안 잘 준비하게 하옵소서. 예수님의 이름으로 기도합니다. 아멘.

교만하지 않게 하소서

"교만에서는 다툼만 일어날 뿐이라 권면을 듣는 자는 지혜가 있느니라" (잠 13:10)

지극히 높으신 곳에서 모든 역사를 주관하시는 하나님!

하나님의 기묘하고 오묘한 섭리를 볼 때마다 고개를 숙이고 엎드려 경배할 수밖에 없습니다. 사람의 지성과 지혜로 근접할 수 없는 하나님의 지혜는 저의 오만함과 방자함을 부끄럽게 합니다. 목에 핏대를 세우며 외쳤던 것들이 먼지처럼 흩어져 버린 것들이 얼마나 많은지 모릅니다. 반면에, 있을 수도 없고 결코 될 수 없다고 확신했던 것들이 어느덧 제 삶의 자리에 함께 있다는 것을 보면서 저의 교만함이 하늘을 찔렀다는 것을 깨닫게 되었습니다.

항상 겸손한 마음으로 하나님 앞에 나아갑니다. 하나님을 예배할 때마다 저의 모든 것들을 함께 드립니다. 하나님께서는 완전하시기 때문에 저를 비롯한 온 피조물이 하나님께 드리는 모든 것들이 부족하다는 것을 알고 있습니다.

부모 앞에서 재롱부리는 아이의 모습이 어설퍼 보여도 그 모습이 사랑스럽기에 부모가 좋아합니다. 하나님께서 저의 모습도 그와 같이 보실 것이라고 생각합니다. 한없이 부족하고 연약하지만 하나님 앞에 온 몸과 마음을 다하는 것을 기뻐하실 것이라 믿습니다.

○○이의 삶에서도 교만이 싹트지 않게 하옵소서. 겸손함으로 하나님 앞에 나아가게 하옵소서. 수능시험에서 좋은 결과가 있을 때에 자신을 뽐내기보다 함께하신 하나님께 영광을 돌리며 감사하게 하옵소서. 결과가 좋지 않을 때에도 불평과 불만을 쏟기보다 하나님께 감사하며 지금까지 최선을 다한 자신에게 위로하고 격려할 수 있게 하옵소서.

○○이 앞에 펼쳐지는 많은 일들을 스스로 해결하려는 오만한 마음이 자리 잡지 않게 하옵소서. 자신의 능력을 믿고 스스로 높아지려는 길을 가지 않도록 하옵소서. 작은 것들이라도 하나님께 묻고 하나님 말씀을 따라가는 삶을 살게 하옵소서. 오늘도 우리의 삶을 주관하시는 하나님께 감사를 드리며, 예수님의 이름으로 기도합니다. 아멘.

인생을 헛되이 보내지 않게 하소서

"너는 청년의 때에 너의 창조주를 기억하라 곧 곤고한 날이 이르기 전에, 나는 아무 낙이 없다고 할 해들이 가깝기 전에 해와 빛과 달과 별들이 어둡기 전에, 비 뒤에 구름이 다시 일어나기 전에 그리하라"(전 12:1-2)

만왕의 왕이신 하나님, 높임을 받으옵소서. 영광중에 임하시고, 하나님의 백성에게 한없는 은혜와 사랑이 가득하게 하옵소서. 매일 하나님의 은혜가 임하기에 오늘도 이렇게 하나님께서 허락하신 곳에서 호흡하며 지낼 수 있습니다. 감사합니다.

과학이 발달하고, 4차 산업혁명으로 창조주의 영역을 뛰어넘는다고 이야기하지만, 이 세상 그 누가 하나님을 대적할 수 있습니까? 우리는 하나님의 피조물입니다. 피조물이 창조주보다 더 뛰어날 수 없습니다. 우리의 지식으로 많은 것을 발견하더라도 하나님께서 만드신 이 세상에 아주 작은 부분입니다. 우리가 모르는 것이 아주 많습니다. 심지어 우리가 모르고 있는 것이 무엇인지 모르는 것도 상상할 수 없을 정도 많을 것입니다.

그럼에도 세상 사람들은 하나님의 존재를 부인합니다. 하나님께서 계시지 않는다고 합니다. 한 번 사는 인생, 멋지게 살다가 가면 그만이라고 합니다. 하지만, 하나님께서 계시지 않는 인생은 즐겁지 않습니다. 기쁘지 않습니다. 순간 기쁨이 있겠지만, 곧 그 기쁨은 사라집니다.

우리의 인생은 이 세상에 한 번 살면 끝이 아닙니다. 구원의 문제가 남아있습니다. 영원한 하나님 나라에 거할 것인지, 지옥에 갈지 정해집니다. 예수 그리스도를 구주로 고백한 하나님의 백성만이 하나님 나라에 가게 됩니다.

저와 ○○이는 하나님의 말씀에 순종하는 삶을 살게 하옵소서. 인생은 한번뿐이기 때문에 잘 살아야 합니다. 지금 내 삶이 더 이상 찾아오지 않기 때문입니다. 이제 곧 ○○이가 청년이 됩니다. 정해진 울타리 안에서 생활하는 삶을 벗어나 청년의 시기를 맞이 합니다. 그때, 이 사실을 가슴 깊이 새기며 지내길 간절히 원합니다. ○○이의 인생이 헛된 시간으로 낭비하지 않게 함께하옵소서. 예수님의 이름으로 기도합니다. 아멘.

D-7일 목

기쁨이 넘치는 가족이 되게 하소서

"마른 떡 한 조각만 있고도 화목하는 것이 제육이 집에 가득하고
도 다투는 것보다 나으니라" (잠 17:1)

새로운 날을 주신 하나님, 감사합니다.

하나님의 인도하심에 한 걸음씩 걷다보니 벌써 수능시험이 일
주일 앞으로 다가왔습니다. 하나님의 돌보심에 감사를 드립니
다.

저와 ○○이를 지금까지 지켜주신 하나님, 남은 일주일 동안
에도 지켜주시길 원합니다. 특별히 ○○이가 정신적으로, 육체
적으로 지치지 않게 하옵소서. 아무런 문제없이 건강한 모습으
로 수능시험을 치를 수 있도록 도와 주옵소서.

○○이를 비롯하여 전국에 수많은 수험생들이 똑같은 심정으
로 수능시험을 기다리고 있을 것입니다. 서로 경쟁자이지만, 같
은 심정이기에 마음을 나눌 수 있는 사람들일 것입니다. 온 국민
이 관심을 갖고 있기에, 수능시험은 그야말로 큰 부담감일 수밖

에 없습니다. 그것을 이겨내는 힘은 가족들의 힘이 아닐까 생각합니다. 우리 가족이 ○○이가 시험을 잘 치를 수 있도록 기도하며 마음의 평안함을 가질 수 있도록 하는 것이 중요하다고 생각합니다. 남은 일주일 동안 우리 가족이 더 화목하고 기쁨이 넘치는 생활을 할 수 있도록 함께하옵소서.

○○이에게 흔들리지 않는 믿음을 주옵소서. 지금까지 잘 해 온 것처럼 수능시험까지 잘 마무리를 할 수 있도록 하옵소서. 순간마다 찾아오는 두려움과 걱정을 ○○이가 해결할 수 없습니다. 그럴 때마다 하나님께서 함께하셔서 마음의 평안함을 주옵소서.

하나님의 말씀에 의지하여 깊은 곳에 그물을 내렸던 베드로처럼, ○○이가 하나님의 말씀에 의지하여 일주일 동안 보내게 하옵소서. 우리의 생각에 안 될 것이라는 행동도 하나님께서 함께하실 때 기적의 기쁨을 누리게 됩니다. ○○이도 베드로가 누렸던 그 기쁨을 누리길 간절히 원합니다.

오늘도 함께하시는 하나님을 찬양하며, 예수님의 이름으로 기도합니다. 아멘.

D-6일 금

정직한 삶을 선택하게 하소서

"의인의 길은 정직함이여 정직하신 주께서 의인의 첩경을 평탄하게 하시도다" (사 26:7)

공의롭고 의로우신 하나님을 찬양합니다.

다른 사람들의 눈을 의식하면서 겉으로 하나님을 섬기지 않겠습니다. 저의 마음 깊은 곳까지 다 알고 계시는 하나님 앞에서 제 자신을 포장하는 것은 아무런 의미가 없음을 잘 알고 있습니다. 있는 그대로의 모습을 하나님 앞에 내려놓고 진실함으로 하나님께 경배하며 예배하겠습니다.

하나님께서 신실하시기 때문에 결코 실수가 없으십니다. 하나님의 섭리 안에 이루어지는 모든 일들을 겸허히 받아들이며 순종하는 삶을 살아갈 수 있도록 하옵소서. 이스라엘 백성이 하나님을 향해 불평했던 이유는 자신의 생각대로 되지 않기 때문입니다. 가지고 싶은 것을 가질 수 없게 되면 하나님께 불평했습니다. 누리고 싶은 것을 누리지 못하면 하나님께 불만을 토로했습니다. 때로는 자신의 욕심을 채우기 위해서 누구나 알 수 있을 정도로 건성으로 하나님께 제사를 지냈습니다. 하나님께서 그들의 내면을 모를 것이라고 생각했을까요? 그런 것들도 생각하지 않았을 것입니다. 단지 자신들의 생각대로 관찰되지 않는 것이 기분나빴을 것입니다.

신실하신 하나님!

○○이가 수능시험을 준비하면서 항상 정직한 마음을 가질 수 있기를 원합니다. 행여 보다 나은 성적을 위해서 정직하지 못한 방법을 생각하지 않도록 하옵소서. 수능시험이 인생의 목적이 되면, 높은 점수를 얻기 위해 수단과 방법을 가리지 않게 됩니다. 수능시험은 인생의 한 부분입니다. 어떻게 생각해보면, 다른 삶들과 동일한 시간일 수 있습니다.

한 번 정직하지 못한 선택을 하게 되면, 그것을 무마하기 위해서 더 많은 부정한 선택을 하게 됩니다. 그러다 정직에 대해서 무뎌지게 되고, 삶 자체가 부정직하게 됩니다. 정직한 자를 위하여 완전한 지혜를 예비하신다(잠 2:7)는 말씀을 의지하고, ○○이가 어떤 상황에 처하든지 정직한 삶을 선택할 수 있기를 기도합니다. 예수님의 이름으로 기도합니다. 아멘.

인도하시는 길을 따라 가게 하소서

"사람이 마음으로 자기의 길을 계획할지라도 그의 걸음을 인도하
시는 이는 여호와시니라" (잠 16:9)

우리의 모든 삶을 주관하시는 하나님 아버지의 돌보심에 감사
를 드립니다. 절벽으로 향하는 우리의 발걸음을 막아주시고, 푸
른 초원에 거할 수 있도록 인도하시니 감사합니다. 하나님께서
뜻하신 바가 있기에 때로는 저의 생각을 막아주시고, 제가 전혀
생각하지 않았던 곳으로 인도하시기도 합니다. 그럴 때마다 마
음이 편치 않거나 좋지 않습니다. 그럼에도 하나님께서 인도하
신 길을 따라 믿음으로 가게 하옵소서.

○○이가 다음 주에 수능시험을 봅니다. 저나 ○○이의 속마
음은 좋은 점수를 받는 것입니다. 수험생이나 부모들이 동일한
마음을 가지고 있을 것이라 생각합니다. 좋은 점수를 받아야 원
하는 대학에 갈 수 있으니까요. 아니, 점수가 더 좋다면 원하는
대학보다 더 좋은 대학을 갈 수 있으니, 점수를 많이 받으면 좋
을 것입니다.

모든 사람들이 같은 생각을 하고 있지만, 어느 대학이든 한정된 인원 때문에 밀려나는 아이들이 생깁니다. 원하는 대학에 들어가는 이들보다 불합격 통지를 받는 이들이 많을 것입니다.

어젯밤에 ○○이가 자는 모습을 보았습니다. 어린 시절 철없이 맑고 순수한 마음으로 웃고 마음껏 뛰어놀던 모습이 생각났습니다. 공부하는 것 때문에 장시간 의자에 앉아서 책과 씨름하는 모습도 떠올랐습니다. 조금 더 평온하게 공부하면서 인생을 살아가는 사회가 되면 좋겠습니다.

하나님!
저나 ○○이의 마음을 붙잡아 주옵소서. 어떤 결과가 나오든지 그 길이 하나님께서 ○○이를 인도하시는 길임을 믿고, 그 길을 따라가게 하옵소서. 하나님의 섭리를 믿고 의지할 수 있는 믿음을 주옵소서. 하나님께 우리의 몸과 마음을 다하여 기도하며 하나님께서 주시는 비전이 무엇인지 귀를 기울여 듣게 하옵소서. 예수님의 이름으로 기도합니다. 아멘.

D-4일 주일

마음과 정성을 다하여 예배합니다

"여호와를 경외하며 그의 길을 걷는 자마다 복이 있도다 네가
네 손이 수고한 대로 먹을 것이라 네가 복되고 형통하리로다"(시
128:1-2)

죄와 허물 속에서 죽음을 기다리고 있는 우리의 영혼을 십자
가 보혈의 피로 씻겨주신 하나님의 사랑과 은혜에 감사를 드립
니다. 죽음에서 생명으로 이끄시고, 사탄의 종에 있던 우리를
하나님의 자녀로 삼아주심을 감사드립니다. 하나님의 사랑이 아
니었다면, 우리에게 이런 기쁨과 축복은 없었을 것입니다.

하나님께서 이 세상을 창조하시고, 사람을 만드셨습니다. 하
나님께서 다른 피조물보다 사람에게 많은 것들을 허락하셨습니
다. 그럼에도 사람은 하나님과 동등하고 싶은 욕망 때문에 타락
했습니다. 창조주 입장에서 보면, 모든 것을 없애버릴 수 있었
습니다. 하지만 하나님께서는 이 세상을 사랑하셨습니다. 그 사
랑 때문에 예수 그리스도가 이 땅에 오셨고, 십자가에서 보혈의
피를 흘리셨습니다.

오늘은 거룩한 주일입니다. 오늘도 대한민국 곳곳에서 하나님을 예배하는 교회들이 많을 것입니다. 많은 사람들이 드리는 예배가 온전한 예배가 되길 원합니다. 교회가 교회답게, 예배가 예배답게 이루어지길 원합니다. 우리가 드리는 예배가 허공에 떠도는 소리로 그치지 않길 원합니다. 신령과 진정으로 드리는 예배가 되길 원합니다.

저와 ○○이를 포함한 수많은 수험생들과 부모들을 위해 기도합니다.

마음의 평안함을 주옵소서. 긴장한 탓에 식사도 제대로 하지 못하는 아이들도 있다고 합니다. 짓누르는 스트레스 때문에 벌써 포기한 아이들도 있다고 합니다. 각자마다 상황이 다르겠지만, 실수 없이 지금까지 준비한 만큼의 성과를 이룰 수 있게 하옵소서.

저와 ○○이가 마음과 정성을 다하여 하나님께 예배합니다. 우리의 예배를 받아 주옵소서. 하나님께 영광이, 우리에게 기쁨과 은혜가 넘치는 시간이 되게 하옵소서. 오늘 하루도 하나님의 손길 가운데 함께하길 원합니다. 예수님의 이름으로 기도합니다. 아멘.

D-3일 월

공평하신 하나님

"십자가의 도가 멸망하는 자들에게는 미련한 것이요 구원을 받는
우리에게는 하나님의 능력이라" (고전 1:18)

의로우시고, 공평하신 하나님을 찬양합니다. 세상의 많은 사
람들이 공평하지 않은 것 때문에 불평하지만, 하나님만은 공평
하신 하나님이십니다.

뇌성마비를 앓은 송명희 시인의 시가 생각납니다.

나 가진 재물 없으나
나 남이 가진 지식 없으나
나 남에게 있는 건강 있지 않으나
나 남이 갖고 있지 않는 것 가졌으니
나 남이 보지 못한 것을 보았고
나 남이 듣지 못한 음성 들었으며
나 남이 받지 못한 사랑 받았고
나 남이 모르는 것 깨달았네
공평하신 하나님이

나 남이 가진 것 나 없지만
나 남이 없는 것을 갖게 하셨네

　사람의 시선을 바라볼 때 공평하지 않다고 생각되지만, 많은 사람들이 보지 못하는 것을 볼 수 있기에 공평하다는 시인의 고백이 마음을 울리게 합니다. 그렇습니다. 사람들이 짜놓은 틀에서 무엇이 좋고 나쁘다고 인식하는 것 때문에 비교가 되고, 그 비교 때문에 시기와 질투가 일어나게 됩니다.

　저와 ○○이가 송명희 시인의 고백처럼 공평하신 하나님께 나 남이 가진 것 나 없지만 나 남이 없는 것을 갖게 하셨다는 고백을 드리게 하옵소서. 다른 사람보다 못하는 것이 있다면, 다른 사람보다 잘하는 것이 있습니다. 다른 사람처럼 생각하지 못하는 것이 있다면, 다른 사람들이 전혀 생각하지 못하는 것을 생각하는 것도 있습니다.

　오늘도 우리의 삶에 공평하게 임하시는 하나님을 찬양하며, 예수님의 이름으로 기도합니다. 아멘.

다윗과 같은 담대한 믿음으로 나아가게 하소서

> "다윗이 블레셋 사람에게 이르되 너는 칼과 창과 단창으로 내게
> 나아 오거니와 나는 만군의 여호와의 이름 곧 네가 모욕하는 이스
> 라엘 군대의 하나님의 이름으로 네게 나아가노라" (삼상 17:45)

의로우신 하나님을 찬양합니다. 우리가 하나님께 기도할 때마다 응답하시고, 곤경에 처할 때마다 손을 내밀어 주시니 감사합니다. 언제나 약자의 편에서 억울함을 들어주시고, 고아와 과부와 지나가는 나그네를 돌보시는 하나님의 긍휼하심을 찬양합니다.

세상 사람들이 기독교를 향해서 손가락질하며 조롱합니다. 하나님을 욕하고 멸시합니다. 모두 우리의 잘못 때문입니다. 바르게 살지 못했기 때문입니다. 하나님께서 이런 수모를 당하게 한다는 것은 부끄러운 일입니다.

하나님을 욕하고, 비난하던 골리앗과 블레셋 군사들을 향해 아무 것도 하지 못한 이스라엘 군대가 생각납니다. 골리앗의 기

세에 눌려서 하나님이 수치를 당하고 계셨지만, 그 누구도 나서지 못했습니다. 그때 비록 어린 소년이었지만, 하나님의 이름을 위하여 당당하게 나섰던 다윗이 있었습니다. 하나님께 하신다면 이길 수 있다는 믿음이 있었습니다.

사람들이 외모와 창과 단창을 보지만, 다윗은 함께하시는 하나님을 보았습니다. ○○이가 다윗과 같은 믿음이 있길 원합니다. 비록 다른 사람들의 눈에는 약한 모습일지라도 그 뒤에 계시는 하나님의 능력으로 모든 것을 이길 수 있다는 믿음의 사람이 되길 원합니다.

사람들 시선에는 수능시험 성적이 능력이라고 생각하겠지만, 그보다 더 중요한 것은 하나님께서 함께하시느냐는 것입니다. 성적이 좋다고 하더라 하나님이 계시지 않는다면, 힘이 좋고 키가 큰 골리앗일 뿐입니다. 비록 성적이 좋지 않더라도 하나님께서 함께하신다면, 어리지만 담대한 믿음을 가지고 있던 다윗입니다. ○○이가 골리앗보다는 다윗이 되면 좋겠습니다.

수능시험에 부담감을 가지지 않고, 하나님께서 주시는 담대함으로 시험을 잘 치를 수 있도록 하옵소서. 예수님의 이름으로 기도합니다. 아멘.

D-1일 수

하나님의 은혜가 가득한 날이 되게 하소서

"눈물을 흘리며 씨를 뿌리는 자는 기쁨으로 거두리로다 울며 씨를 뿌리러 나가는 자는 반드시 기쁨으로 그 곡식 단을 가지고 돌아오리로다" (시 126:5-6)

지금까지 우리를 돌보신 하나님을 찬양합니다.

아무런 문제없이 100일 동안 하나님께 기도할 수 있도록 인도하신 하나님의 은혜에 감사를 드립니다. ○○이가 힘들고 어려울 때가 있었습니다. 아무리 애를 써도 잘 되지 않는 날도 있었습니다. 모든 것을 포기하고 싶은 때도 있었습니다. 그럴 때마다 하나님께서 ○○이를 붙잡아 주시고, 공부에 매진할 수 있도록 도와 주셔서 감사합니다.

○○이가 내일 수능시험을 봅니다. 오랜 시간 너무 수고가 많았습니다. 지금까지 잘 견디고, 공부한 ○○이를 칭찬하고 싶습니다. 하지만 이 모든 것이 ○○이가 한 것이 아닌 것을 잘 알고 있습니다. 하나님의 은혜가 아니었다면, 오늘까지 이렇게 견디기 힘들었을 것입니다. 정말 감사합니다.

우리의 생사화복을 주관하시는 하나님, ○○이의 인생을 인도하옵소서. 특별히 수능시험을 앞둔 오늘, 하나님께 도움을 구합니다. 언제나 필요를 채우신 하나님께서 ○○이에게 강하고 담대한 믿음을 주옵소서. 성경에 기록된 많은 하나님의 사람들이 담대함으로 적들을 향해 나아갔듯이 ○○이도 담대함으로 나아갈 수 있도록 도와 주옵소서.

오늘은 예비소집일입니다. ○○이가 내일 수능시험을 치를 장소에 갑니다. 시험을 치를 교실도 둘러보고 책상에도 앉아보면서 내일의 일정을 생각하는 중요한 시간입니다. 편안한 마음으로 잘 다녀올 수 있도록 하옵소서.

내일 시험장에서 성령님께서 함께하셔서 긴장하거나 떨지 않도록 하옵소서. 최상의 컨디션으로 내일 하루를 보낼 수 있도록 하옵소서. 특히 마음의 평안함을 주옵소서. 지금까지 준비한 것을 충분히 발휘할 수 있도록 머리를 맑게 하옵소서. 각 과목마다 집중하여 시간 내에 잘 풀어갈 수 있도록 하옵소서.

오늘 하루도 하나님의 은혜 가운데 잘 보낼 수 있도록 하옵소서. 내일의 시간도 하나님의 손길 가운데 잘 보낼 수 있도록 하옵소서. 예수님의 이름으로 기도합니다. 아멘.

D-DAY 목

결론은 하나님이십니다

"하나님은 우리의 피난처시요 힘이시니 환난 중에 만날 큰 도움 이시라" (시 46:1)

언제나 동일하신 하나님께 감사와 영광을 드립니다.

오늘은 대학수학능력시험이 있는 날입니다. 오늘 시험을 치르는 많은 수험생들이 열심히 준비했습니다. ○○이도 고등학교 기간 동안 열심히 공부한 것을 평가하는 시험을 봅니다.

수능시험이 주는 그 무게감을 지금까지 잘 견뎌온 ○○이를 응원합니다. 힘들고 어려운 시간들을 이겨내고 오늘 시험을 봅니다. 오늘 하루 ○○이와 함께하시고, ○○이를 지켜주옵소서. 긴장하지 않게 하시고, 평안한 마음으로 시험을 볼 수 있게 하옵소서. 공부한 내용들이 잘 생각나게 하시고, 답안지를 작성할 때 실수하지 않게 하옵소서.

결과를 생각하지 않고, 오늘에 최선을 다하게 하옵소서. 혹여 시험을 잘 보지 못했더라도 낙심하거나 좌절하지 않게 하옵소서. 수능시험이 인생의 전부가 아니기 때문에 실망하지 않았으면 좋겠습니다. 수능시험이 인생을 판단하는 기준이 되는 것이 아닙니다. 편안하게, 차분하게 시험을 볼 수 있게 하옵소서.

○○이의 삶에서 오늘 치르는 수능시험이 가장 큰 시험일 것입니다. 이 시간을 보내고 고등학교를 졸업하면, 지금까지 경험하지 못했던 수많은 인생의 시험들을 경험하게 될 것입니다. 단순히 정답을 찾아내거나 자신의 생각을 기록하는 문제가 아닙니다. 진퇴양난의 삶이 찾아올 수도 있습니다. 그 누구에게도 도움을 받을 수 없는 사면초가의 상황도 올 수 있습니다. 그럴 때마다 해법은 단 한 가지입니다. 바로 하나님입니다.

하나님께서는 ○○이의 피난처요 바위이십니다. ○○이의 방패이시고, 구원자이십니다. 위로와 사랑을 베푸실 분이시고, 평안을 주십니다. ○○이의 모든 삶을 주관하시고, 안식처가 되시는 분입니다. ○○이의 삶에 항상 든든한 하나님께서 함께하신다는 믿음을 가지고 담대하게 살아가길 원합니다. 오늘 역시 하나님께서 ○○이와 함께하실 것을 믿습니다.

시험을 통해 더욱 성숙한 ○○이가 되길 원하오며, 예수님의 이름으로 기도합니다. 아멘.